Werner Giessing

El péndulo

*Técnicas sencillas y eficaces
de radiestesia*

Si este libro le ha interesado y desea que le mantengamos informado de nuestras publicaciones, escríbanos indicándonos qué temas son de su interés (Astrología, Autoayuda, Ciencias Ocultas, Artes Marciales, Naturismo, Espiritualidad, Tradición...), y gustosamente le complaceremos.

Puede consultar nuestro catálogo en www.edicionesobelisco.com

Las informaciones expuestas en el presente libro han sido cuidadosamente investigadas y transmitidas a nuestro buen saber y entender. No obstante, ni el autor ni la editorial asumen ninguna responsabilidad por los posibles daños de cualquier tipo que se puedan derivar directamente de la aplicación o utilización de las instrucciones presentes en este libro. Las informaciones del presente libro se han concebido para ampliar los conocimientos de los interesados en la materia.

Colección Feng Shui y Radiestesia
El péndulo
Werner Giessing

1.ª edición: septiembre de 2008
2.ª edición: febrero de 2014

Título original: *Das Richtige Pendeln*
Traducción: *Jordi Vidal*
Maquetación y diseño de cubierta: *Marta Rovira Pons*
Ilustraciones: *Peter Ehrhardt, Kuhn Design* & *Ulla Mayer-Raichle*

© 1999, Windpferd Verlagsgesellschaft mbH, Aitrang, Alemania.
Publicado por acuerdo con Schneelöwe Verlagsberatung & Verlag,
D-87648, Airtrang, Alemania
(Reservados todos los derechos)
© 2008, Ediciones Obelisco, S.L.
(Reservados los derechos para la presente edición)

Pere IV, 78 (Edif. Pedro IV) 3.ª planta 5.ª puerta
Tel. 93 309 85 25 - Fax 93 309 85 23
08005 Barcelona - España

Paracas, 59 – C1275AFA Buenos Aires (Argentina)
Tel.: (541-14) 3050633 Fax: (541-14) 3047820
E–mail: info@edicionesobelisco.com

ISBN: 978-84-9777-477-2
Depósito legal: B-26.353-2013

Impreso en India

Reservados todos los derechos. Ninguna parte de esta publicación, incluido el diseño de la cubierta, puede ser reproducida, almacenada, transmitida o utilizada en manera alguna por ningún medio, ya sea eléctrico, químico, mecánico, óptico, de grabación o electrográfico, sin el previo consentimiento por escrito del editor. Diríjase a CEDRO (Centro Español de Derechos Reprográficos, www.cedro.org) si necesita fotocopiar o escanear algún fragmento de esta obra.

Prólogo

El péndulo es un instrumento fascinante que ha hecho vivir algunas interesantes experiencias a ciertas personas a lo largo de la historia. Hay quienes encontraron agua, petróleo o riquezas minerales merced a dicho instrumento, mientras que a otros les sirvió para investigar vías donde habían ocurrido accidentes o para localizar zonas geopáticamente alteradas. En el pasado, la radiestesia se usaba sobre todo para examinar las radiaciones terrestres en los establos de las vacas, en caso de que los animales se mostraran intranquilos o tuvieran un comportamiento más bien violento, pero actualmente los lugares que analizamos con más meticulosidad son nuestros propios lugares de descanso íntimo. Por supuesto, la contaminación electromagnética en nuestros días es también un tema de principal importancia, puesto que tanto en nuestros puestos de trabajo como en nuestro hogar podemos encontrar numerosas lámparas y aparatos eléctricos. Además, gracias al péndulo se pueden diagnosticar enfermedades, descubrir nuevos medicamentos, obtener información sobre nutrición o sobre cualquier otro tema que contribuya a elevar nuestra calidad de vida, e incluso encontrar a personas desaparecidas.

La práctica del péndulo se puede aprender de diversas maneras, aunque en la mayoría de casos, o bien las instrucciones son demasiado complicadas o carecen de aquellos pequeños detalles tan importantes para que el lector o la persona interesada se inicien en la materia.

Werner Giessing posee el extraordinario don de comunicar el arte de la radiestesia y sus relaciones con otras disciplinas de una manera asombrosamente clara y empática, sin omitir las informaciones básicas y necesarias. Es una de aquellas personas a las que se podría escuchar durante horas, pues impregna de imágenes y sensibilidad los arduos conocimientos especializados y transmite su enorme sabiduría con gran inteligencia y pasión. El presente libro es sin duda uno de los mejores actualmente disponibles en el mercado, ya que se halla en total consonancia con las preocupaciones de nuestra época actual, tanto por la materia que trata como por su contenido y, cómo no, por su formato de presentación.

Werner Giessing es un escritor, un organizador de cursos y un asesor magnífico, y con esta obra lo ha vuelto a demostrar una vez más

Brigitte Gärtner,
Autora y experta en radiestesia

Introducción

Apreciado lector,

Me alegro de que haya depositado su interés en este libro y me gustaría darle a conocer una práctica en la que podrá descubrir una fuente de respuestas e inspiración para su vida. Asimismo, espero también poder mostrarles aspectos ilustrativos e información interesante a aquellos de ustedes que ya sean expertos en el péndulo. En cualquier caso, les aseguro que van a experimentar cosas con relación a su propia persona, al péndulo y a los demás, que, observadas desde un punto de vista puramente científico (al menos, según los actuales parámetros), en teoría ni pueden ni deberían existir.

Para empezar, le recomiendo que deje a un lado el asunto de la posibilidad de demostración científica. Se dará cuenta en seguida de que el péndulo como tal no puede explicarse concluyentemente desde la óptica de las ciencias naturales, y, a la vez, de que la exactitud de sus resultados resiste cualquier concienzuda prueba científica a la que se lo someta.

Lea este libro y sondee el mundo mediante el péndulo. Traslade sus sugerencias a la práctica, pruebe, evalúe y fórmese sus opiniones al respecto.

Alégrese por las vivencias y los resultados que van a enriquecer su existencia sea cuales sean sus conclusiones.

Como afirman todos los expertos, en caso de situaciones personales comprometidas no olvide nunca que la práctica del péndulo debe enriquecerlo y proporcionar alegría a su vida. Si los resultados no son tal y como esperaba, piense que la moneda siempre tiene dos caras, y que el vaso puede estar medio lleno y medio vacío simultáneamente. Desde el punto de vista de las medidas, tan sólo hay un vaso, y éste es siempre el mismo. Si usted lo ve medio lleno, lisa y llanamente le irá mejor en la vida. Ver las cosas de un modo positivo, no daña nunca a nadie; al contrario, es beneficioso.

Promesa

Prometo que toda la información que contiene este libro tiene una aplicación práctica, aun cuando la mente, al ser confrontada por primera vez con un determinado ejercicio, les diga que no va a funcionar. Ni el estado actual de la ciencia ni el intelecto humano pueden marcar la pauta de las leyes naturales.

Por supuesto, no seré yo quien determine si están suficientemente preparados para experimentar con el péndulo, pues ello depende en última instancia de cada individuo. Lo único que se necesita para empezar es interés y un poco de paciencia, y en seguida se obtienen interesantes resultados.

¿Quién puede usar el péndulo?

AVISO: Le insto a realizar todas las actividades propuestas en este libro bajo su propia y absoluta responsabilidad, especialmente cuando utilice el péndulo para otras personas.

En líneas generales, la radiestesia no está limitada por edad, sexo o capacidad intelectual. Tanto si se trata de un niño de ocho años como de un jubilado de ochenta, tanto si se es muy rico como si no se tiene dinero, y sin importar si el individuo en cuestión ejerce de monje, secretaria, médico o paleta, no existe ninguna limitación respecto a la capacidad de usar el péndulo.

Cuando trabajamos con el péndulo, usamos fuentes de información que forman parte de nosotros, que se hallan dentro de nuestro ser. La capacidad de captar y sentir las energías anida en todas las personas, y este arte consiste simplemente en interpretar correctamente estas informaciones.

El péndulo no es algo enigmático ni misterioso, y en un sentido convencional no tiene nada que ver con la magia. Cualquiera que se tome tiempo en abordar seriamente este tema puede aprender a manejar el péndulo. Quizá simplemente existan personas más dotadas que otras, pero esta práctica está al alcance de todo el mundo. Con todo, la experiencia ha demostrado que niños, mujeres y hombres maduros tienen mayor facilidad para el aprendizaje de esta técnica.

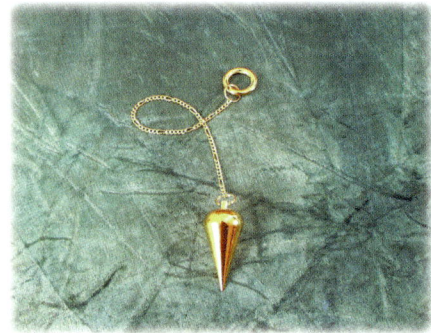

Pregunta: *Yo soy muy poco sensible ¿puedo usar el péndulo?*
Respuesta: Sí, desde luego. Al péndulo y a su subconsciente les da igual que usted se considere sensible o no. Justamente cuando usted duda de si posee una sensibilidad concreta o pregunta qué carencias

La composición del péndulo

El péndulo está constituido por tres componentes principales:
1. La *pesa* del péndulo: ésta puede ser maciza o hueca, y estar cerrada o abierta.
2. Una *sujeción*, que permite el movimiento oscilante de la pesa del péndulo, es decir, una cadena, una cinta, una cuerda, un cordel, un cable o un alambre fino. Incluso puede utilizarse un trozo de tubo de silicona.
3. El *cierre*: puede ser un anillo, una perla, un colgante, un símbolo, o simplemente un nudo. Yo prefiero un anillo como cierre, pues transforma las energías transmitidas en una rotación constante, y con ello dificulta que las energías negativas lleguen a la pesa del péndulo. Este mismo efecto puede también cumplir una simbología.

¿Qué péndulo debo elegir para empezar?

Usted no tiene que comprarse un péndulo especial, pues la radiestesia también funciona con otros tipos de péndulo, pero lo que sí necesita es una cuerda, cadena, cordel o algo similar de entre 10 y 20 cm de longitud y un objeto macizo lo más pequeño posible, con un peso aproximado de entre 10 y 20 g, y ya puede empezar. A menudo, se utiliza por ejemplo un anillo de bodas como péndulo y se le pregunta antes del nacimiento de un niño si éste va a ser chico o chica. En lugar de un anillo de bodas, se puede utilizar igualmente una llave que penda de un hilo.

Sin embargo, piense en lo siguiente:

El objeto que usted usa como péndulo debería estar totalmente libre de cualquier connotación afectiva o emocional, puesto que tanto si usted es feliz en su matrimonio como si es desgraciado, las energías que intervienen en el péndulo afectan (consciente o inconscientemente) al resultado del mismo, lo cual también se aplica a péndulos heredados y a nuestra relación con su anterior propietario. En cambio, un péndulo que se nos ha regalado es menos problemático, ya que si éste es nuevo no suele permanecer demasiado tiempo en posesión de la persona que nos lo regala.

*Un péndulo es una herramienta.
Para mí la mejor herramienta es aquella que más utilizo y,
por tanto, aquella que mejor domino.*

El peso de un péndulo para principiantes

Con el objeto de no hacer el péndulo más pesado de la cuenta al iniciarse en su uso, le recomiendo escoger uno de un peso que oscile entre los 12 y los 30 gramos. Por supuesto, un péndulo de 4 gramos de peso también funcionará, aunque este tipo es especialmente adecuado para los diagramas. Con un péndulo de 4 gramos conseguirá éxitos con rapidez, pues éstos empiezan a oscilar muy pronto. Sin embargo, usted constatará en seguida que la oscilación a menudo es demasiado intensa para un péndulo normal, resultando la amplitud de ésta excesiva. Un buen péndulo de 4 gramos es un instrumento medidor de precisión, por lo que no es recomendable su uso diario. El otro extremo sería un péndulo de 125 gramos, el cual se suele usar al aire libre, cuando, por ejemplo, un fuerte viento podría modificar la oscilación de un péndulo más liviano. Pero piense también que un péndulo de 125 gramos debe iniciar su oscilación, y que mantener mucho tiempo un gran peso a pulso exige un gran esfuerzo.

Asimismo, es importante que la cadena esté sujeta justo en el centro, de manera que la pesa del péndulo cuelgue exactamente en perpendicular.

Un péndulo típico de principiante de peso medio y con una forma armónica.

Un péndulo de diagrama de unos 4 gramos.

Un péndulo universal de unos 14 gramos.

Un péndulo universal de unos 24 gramos.

Un péndulo pesado de unos 175 gramos.

> **PREGUNTA:**
> *Me gustaría regalarle un péndulo a una persona a la que le encantan las piedras preciosas, en especial, las amatistas. Él posee ya algo de experiencia con el péndulo y tiene varios de metal. ¿Puedo regalarle un péndulo de amatista sin pensarlo más?*
> **RESPUESTA:** Por supuesto que sí. No veo por qué no. Otra cosa sería que él fuera un principiante. En tal caso convendría regalarle un péndulo de metal corriente.

Péndulo de latón.

El material del péndulo

No importa que los péndulos sean de metal, madera, cristal o incluso plástico: la radiestesia puede practicarse con cualquier material. Lo que sucede es que cada material tiene sus propias características y por ello resulta más o menos adecuado según la aplicación que se le vaya a dar. Personalmente, desaconsejo el uso de péndulos de plástico. Es cierto que funcionan, pero a mí me resulta muy difícil acostumbrarme a ese tipo de péndulos. (Honestamente, no tengo muy buena opinión del plástico.)

Si no dispone de mucho donde elegir en cuanto a materiales, que obviamente deben tener un origen natural, apueste por lo seguro.

El latón se ha revelado como un material óptimo para principiantes, que eventualmente, en función del tipo de persona que se trate y de su carácter, puede estar recubierto de algún metal noble. El latón tiene la cualidad de ser un buen conductor de energías astrales. Al mismo tiempo, se trata de un material relativamente neutro, y por ello apto para casi cualquier persona. Obviamente, existe un material óptimo para cada uno de nosotros; tan sólo se precisa experiencia y tiempo para descubrir el idóneo. Para facilitar la elección, consulte algunos de los puntos de partida que se exponen en el siguiente apartado.

Con todo, procure tener en cuenta que los péndulos fabricados con minerales no son adecuados para iniciarse en esta práctica, puesto que éstos producen oscilaciones demasiado intensas que podrían falsear los resultados si no se posee mucha experiencia. Este tipo de péndulos deben considerarse como herramientas para personas avezadas en la materia.

Los diferentes materiales y sus equivalencias

Metales

La siguiente información es válida tanto para péndulos macizos que están compuestos del correspondiente metal como para péndulos con núcleo de latón y recubiertos del correspondiente metal.

Péndulo de latón

Propiedades: el latón se compone de cobre y cinc. Las propiedades de ambos metales son útiles en este caso. El cinc protege y blinda, lo cual es importante cuando se usa el péndulo en lugares que están cargados de energía negativa. Por su parte, el cobre es un excelente conductor y transmite la información con poca resistencia. El cobre y el cinc se armonizan muy bien mutuamente, y al mismo tiempo ofrecen una buena transmisión de información así como una protección inmejorable.

Además, el péndulo de latón aporta a la persona que lo maneja el necesario contacto con la tierra; no en vano es uno de los predilectos entre los principiantes.
Adecuado para: en general, es idóneo para cualquier persona.
Predestinado para: es un péndulo universal en la categoría de peso medio.

Péndulo de cobre

Propiedades: el cobre es, como se comentó anteriormente, un excelente conductor. Este material ha sido asignado tradicionalmente al planeta Venus, tanto en un plano astrológico como mitológico. Es el metal del amor, de los sentimientos y las emociones. Venus, la diosa del amor, simboliza también la delicadeza, el lujo, lo estético y hasta cierto punto las joyas. Las personas particularmente emocionales prefieren el cobre, lo cual también obedece a su efecto armonizador y purificador sobre los chakras.

Atención: dado que el cobre es un magnífico conductor, durante una sesión de péndulo se transmite mucha información. Este hecho constituye sin duda una ventaja, pero hay que tener en cuenta que, sin un filtro protector, la persona que realiza las preguntas recibe un exceso de información.

Adecuado para: éste es un péndulo ideal para personas muy sentimentales; que no obstante, exige que el radiestesista tenga un buen contacto con la tierra. Para quienes se sientan incómodos sin protección, el material adecuado es el oro rojo.

Predestinado para: el péndulo de cobre resulta idóneo como péndulo de tipo universal. Los resultados son especialmente buenos usándolo para los chakras y en temas emocionales.

Péndulo de cobre.

Péndulo de plata

Propiedades: la plata es el metal de la Luna. La Luna, así como la plata, representan el inconsciente: la parte de nosotros a la que nuestra mente apenas tiene acceso. Si queremos oír nuestra voz interior, la plata nos ayudará a conseguirlo.

Adecuado para: la plata es el material preferido por aquellas personas que se encuentran en fase de reorientación, entre las cuales se hallan jóvenes en la pubertad. También adoran la plata las personas muy espirituales. Curiosamente, las personas entre las franjas de edad de quince a diecisiete años, de los treinta a treinta y tres, y de los cincuenta y tres a cincuenta y cinco suelen preferir este metal. El péndulo de plata es, además, el «péndulo suplente ideal».

Predestinado para: este péndulo da muy buenos resultados en preguntas generales con carga emocional. En caso de bloqueos inconscientes, el péndulo de plata también es muy potente.

Péndulo de plata.

Péndulo de oro

Propiedades: el oro es uno de los metales más nobles. Es el metal del Sol y, por lo tanto, se lo asocia con conceptos positivos, como, por ejemplo, cuando se dice que «alguien tiene un alma radiante». Asimismo, se lo asocia con el vigor, el poder y la fuerza, así como con la riqueza y el éxito. El oro nos aporta fuerza y vigor. Además, este material refuerza nuestro sentido del propio valor y nuestra autoconciencia, y resulta muy útil en caso de falta de autoestima. El oro es un metal extremadamente independiente, pues es un metal noble no combinable con ningún otro, flexible y moldeable. Al usar el péndulo, el oro actúa como un filtro astral, protege de las influencias negativas a los que realizan las preguntas y neutraliza las energías perjudiciales.

Le ruego tenga en cuenta que:

1. Un péndulo de oro macizo no es asequible para un bolsillo convencional.
2. Los posibles recubrimientos debe realizarlos un profesional (así que no valen los dorados en hojas). La galvanización se ha revelado como un método óptimo.

Adecuado para: este péndulo es ideal para personas con valor e inteligencia; a veces domina uno y, a veces, otro. El aspecto protector de este metal también lo usan quienes necesitan nervios de acero.

Predestinado para: este péndulo puede usarse universalmente, en cualquier lugar o situación.

Péndulo de oro.

Péndulo de oro rojo

Propiedades: el oro rojo es igualmente una aleación de primera calidad para péndulos, con una idoneidad casi perfecta. Este metal surge de mezclar el cobre con el oro, por lo que presenta características de ambos. El cobre aporta una buena conductividad para informaciones de naturaleza emocional, mientras que el oro, además de su capacidad de conducir la electricidad, ofrece la necesaria protección que el cobre no podría dar por sí mismo. Dos metales que se complementan a la perfección, unidos para conformar uno solo, ¡ideal!

Adecuado para: este péndulo es especialmente apto para personas sensitivas con deficiente contacto con la tierra o en personas a las que les cuesta mucho protegerse. Gracias a su composición, el oro rojo conecta la energía masculina y femenina de los individuos y por tanto produce una imagen perfecta del yin y el yang.

Péndulo de oro rojo.

Predestinado para: éste es un péndulo universal que proporciona buenos resultados al usarlo en chakras y también para temas emocionales.

Péndulo de cromo mate

Propiedades: el cromo mate representa la unión de los opuestos. Por un lado, tenemos el cromo, reflectante e impermeable, que protege de forma similar al oro, pero más sólidamente y, por otro, está la arena permeable con la que se trata el cromo. El resultado combina lo duro con lo blando y provoca impulsos subconscientes por sus colores plateados. Es comparable al cromo brillante tamizado.

- *Adecuado para:* este péndulo es adecuado sobre todo para personas muy sensibles y sensitivas que necesitan especial protección.
- *Predestinado para:* éste es un péndulo para formular preguntas sobre asuntos materiales o de salud en caso de enfermedades graves.

Péndulo de cromo brillante

- *Propiedades:* el cromo brillante es similar al oro en sus efectos. Este metal brilla y reluce como el oro, sólo que con un color distinto. Además, dicho metal posee una capacidad de resistencia extrema, por lo que rechaza, como si de un tanque blindado se tratara, prácticamente todas las energías negativas. El inconveniente es que sus finas energías positivas también se quedan fuera. Este material exige de quienes formulan las preguntas algo más de concentración. Estamos hablando de un filtro que tan sólo recibe y transmite un tipo de información absolutamente inequívoca. Las informaciones vagas, así como las energías negativas, son rechazadas sin contemplaciones.
- *Adecuado para:* este péndulo es ideal para aquellas personas que se interesan básicamente en los hechos; puede tratarse de personas extremadamente sensitivas que meditan sobre las influencias negativas, así como de personas muy cerebrales, a las que no interesa en absoluto toda la «parafernalia» astral.
- *Predestinado para:* éste es un péndulo para formular preguntas sobre asuntos materiales o de salud en caso de enfermedades graves.

Péndulo de Optalloy

- *Propiedades:* el Optalloy es una aleación moderna y por ello conviene a las personas de nuestro tiempo. Esta aleación fue desarrollada por personas alérgicas (en particular, a los metales). Dado que cada vez debemos combatir más alergias, es lógico que se haya fabricado un péndulo que satisfaga sobre todo a las personas aquejadas de estas molestias. Un péndulo recubierto de Optalloy posee propiedades antialérgicas de primer orden, por lo que las personas afectadas pueden usarlo sin ningún tipo de problema.
- *Adecuado para:* en particular, las personas sensitivas consiguen excelentes resultados con este material. Su uso también es interesante para quienes no consiguen la oscilación correcta con un péndulo normal.
- *Predestinado para:* su vigor se encuentra en los temas espirituales y kármicos, además de cubrir todos los ámbitos de los sentimientos y las emociones.

Péndulo de rodio (oro blanco)

- *Propiedades:* el oro blanco es una aleación que se compone de oro y paladio, o bien de oro y níquel. Esta unión refuerza y consolida las fuerzas presentes en nosotros. El oro blanco irradia sabiduría, serenidad y tranquilidad y es menos activo que el reluciente oro amarillo. Lo podríamos comparar con un sabio anciano que ha encontrado la felicidad y la paz interior.

Péndulo de cromo mate.

Péndulo de cromo brillante.

Péndulo de Optalloy.

Péndulo de rodio.

Adecuado para: el rodio puede ser un gran apoyo para personas jóvenes, sobre todo si acuden a la sesión de radiestesia con las emociones a flor de piel. De todos modos, este metal nos proporciona la sabiduría y la tranquilidad necesarias, ya seamos jóvenes o viejos, para hallar el camino que conduce a nuestro interior. Por desgracia, los péndulos de rodio no son fáciles de encontrar.

Predestinado para: el oro blanco nos ayuda a afrontar nuestros problemas de forma más equilibrada, concentrada y reflexiva, y a observarlos desde una mayor distancia con la dignidad y serenidad apropiadas.

Péndulos con minerales

Péndulo de cristal de roca

Propiedades: el cristal de roca es una de las piedras sanadoras más conocidas y se adapta a la perfección al péndulo gracias a su efecto piezoeléctrico[1] y a la consiguiente sensibilidad para la oscilación.

Adecuado para: el péndulo de cristal de roca armoniza en particular con las personas que han nacido bajo los signos zodiacales de Leo y Géminis.

Predestinado para: el cristal de roca se adapta especialmente bien a la radiestesia destinada a los chakras y a los órganos; además, también despliega sus fuerzas con productos homeopáticos y con flores de Bach.

Aquí se muestran dos péndulos de cristal de roca tal y como se suelen encontrar.

Un típico péndulo de ámbar.

Péndulo de ámbar

Propiedades: el ámbar no es un mineral, sino una resina fósil de millones de años de antigüedad. Si bien el ámbar no es difícil de encontrar, no suelen fabricarse péndulos con este material.

Atención: al comprar un péndulo de este tipo, deberá procurar que se trate de ámbar auténtico y no de polvo de ámbar prensado artificialmente. El ámbar auténtico se puede reconocer porque, al frotarlo en un tejido, se carga eléctricamente, lo cual no sucede con el ámbar artificial. Dado que los péndulos de ámbar son muy livianos, le recomiendo que no los compre si son de muy pequeño tamaño.

Adecuado para: este péndulo armoniza muy bien con las personas nacidas bajo los signos de Leo y Géminis.

Predestinado para: este péndulo responde bien cuando se usa para determinar causas de alergias, enfermedades cutáneas o metabólicas y con chakras.

---

[1] Efecto piezoeléctrico: «electricidad superficial generada por presión.» En este contexto: tensión interna generada por presión que favorece el comportamiento oscilatorio.

Péndulo de citrina

Propiedades: sus extraordinarias propiedades se basan en no poseer ninguna propiedad. La citrina es una piedra de uso universal que proporciona buenos resultados en todos los ámbitos en los que se utiliza. Por desgracia, los péndulos de citrina no pueden adquirirse fácilmente.

Adecuado para: las personas bajo los signos de Géminis y Leo prefieren usar este tipo de péndulo.

Uno de los escasos péndulos de citrina.

Péndulo de diamante Herkimer

Propiedades: un péndulo de diamante Herkimer es una absoluta rareza. Estas piedras son en realidad cristales de cuarzo que muestran una estructura cristalina similar a la del diamante. El diamante Herkimer es una piedra sanadora muy vigorosa, que, si se usa correctamente en radiestesia, despliega sus efectos beneficiosos contra las enfermedades.

Adecuado para: las personas nacidas bajo el signo de Leo trabajan a gusto con este péndulo.

Predestinado para: éste es el péndulo ideal para combatir enfermedades como el Parkinson o el Alzheimer. Además, se obtienen excelentes resultados con todas las demás enfermedades de la mente o del sistema nervioso, así como en caso de trastornos psicosomáticos.

Péndulo con un diamante Herkimer incrustado.

Péndulo de cuarzo rosado

Propiedades: el cuarzo rosado ha sido desde siempre la piedra que simboliza el amor y la amistad. En cuanto al péndulo, esta piedra es más bien neutral y ejerce un efecto muy armónico y tranquilizante en el radiestesista.

Adecuado para: a las personas bajo los signos de Tauro y Libra se les recomienda que utilicen este tipo de péndulo.

Predestinado para: el péndulo de cuarzo rosado resulta especialmente adecuado para combatir enfermedades y campos de interferencias, y su tema idóneo es responder a preguntas en torno a las relaciones humanas.

Péndulo de sugilita

Propiedades: la sugilita es una piedra new age, que no se encuentra con facilidad y es relativamente valiosa. Su único yacimiento en Sudáfrica ya se ha agotado, lo que explica que su precio no haya hecho más que aumentar con el paso del tiempo. En consecuencia, este tipo de péndulos son difíciles de encontrar.

Adecuado para: este péndulo se asocia al signo de Piscis.

Predestinado para: cuando usamos un péndulo de sugilita, obtenemos grandes resultados a preguntas enmarcadas en el ámbito de las enfermedades orgánicas de personas y animales, pues éste es su campo de acción. En la mayor parte de los demás ámbitos de aplicación, debe considerarse más bien un péndulo de segunda categoría.

Un péndulo de cuarzo rosado, muy inadecuado para usar en radiestesia al carecer de punta afilada y no tener la suspensión situada en el centro.

Péndulo de sugilita.

Péndulo de amatista.

Péndulo de lapislázuli.

Péndulo de hematita.

Atención: este péndulo es una herramienta especial en el ámbito del diagnóstico médico.

Péndulo de amatista

Propiedades: el péndulo de amatista tiene propiedades universales y puede usarse igualmente bien en cualquier lugar.

Adecuado para: las personas bajo los signos de Piscis, Aries y Sagitario encontrarán en este péndulo su herramienta adecuada.

Predestinado para: con la amatista se pueden formular preguntas particularmente buenas en temas de derecho, leyes y moral durante la sesión de radiestesia.

Péndulo de lapislázuli

Propiedades: este péndulo esconde en su interior la esencia femenina. El lapislázuli como tal es conocido por ser la piedra típica de las mujeres y de la amistad.

Adecuado para: este péndulo es el recomendado para las personas nacidas bajo los signos de Sagitario o Piscis.

Predestinado para: el péndulo de lapislázuli funciona muy bien en el ámbito de las emociones y los sentimientos.

Péndulo de hematita

Propiedades: la hematita es también conocida como hematites sanguinaria (debido a su coloración rojiza procedente del agua de esmerilado aplicada durante su procesamiento). A causa de su alto contenido en hierro, sólo sirve parcialmente para el uso en radiestesia.

Adecuado para: este péndulo está indicado para los nacidos bajo los signos de Aries y Escorpión.

Predestinado para: la hematita debería usarse principalmente para temas materiales. Es cierto que también proporciona resultados satisfactorios en los ámbitos emocionales y de salud, pero con esta piedra existe la tendencia a aplicarse con demasiada intensidad, lo que puede acabar falseando los resultados.

Péndulo de jade

Propiedades: el jade es de por sí una piedra muy valiosa, que ofrece buenas cualidades oscilatorias en la radiestesia. Los péndulos de jade presentan la gama más extensa de variedades cromáticas, siendo los más comunes los de color verde.

Adecuado para: este péndulo armoniza con los signos de Cáncer y Libra.

Predestinado para: el jade es una piedra verdaderamente universal, que ofrece buenos resultados en la mayoría de ámbitos de la radiestesia. Con todo, no es tan recomendable para preguntas sobre asuntos materiales.

Péndulo de ojo de tigre

Propiedades: el ojo de tigre es una piedra extraordinaria que cura y protege, lo cual también se refleja en el péndulo que la incorpora.

Adecuado para: las personas de los signos de Géminis, Virgo y Leo son quienes más se benefician de este péndulo.

Predestinado para: adecuado para combatir enfermedades cancerígenas y para usarlo con preguntas sobre temas de trabajo y de ascenso o éxito profesional.

Péndulo de aventurina

Péndulo de jade.

Propiedades: la aventurina como piedra aporta cambios y desarrollo. Es la piedra de la transformación y ello se muestra también a través del péndulo.

Adecuado para: un péndulo de aventurina verde armoniza con las personas nacidas bajo los signos de Cáncer y Sagitario.

Predestinado para: la aventurina es adecuada para sesiones de radiestesia en torno a cualquier asunto que tenga que ver con la armonía y la cordialidad, excepto en caso de alergias.

Péndulo de azurita-malaquita

Péndulo de ojo de tigre.

Propiedades: en este caso se trata de una peculiar unión entre dos tipos de minerales, la azurita y la malaquita. Desde tiempos inmemoriales, la combinación de dos piedras preciosas de tipos diferentes se conoce como *piedra de la suerte*.

Adecuado para: este péndulo va bien con todos los signos del Zodiaco.

Predestinado para: sus posibilidades de uso se pueden describir como universales. En especial, se consiguen buenos resultados con preguntas de ámbitos de la personalidad y la psique.

Péndulo de mercurio (pieza exótica)

Péndulo de aventurina.

Propiedades: el mercurio es un material extraordinario, prácticamente ideal para la radiestesia, que por lo general proporciona excelentes resultados. Debido a su bajo índice de fusión (¡a menos 38, 84º C!) este material se conoce sólo en estado líquido. El mercurio empieza a hervir al alcanzar los 356,58º C, y se suele evaporar a temperaturas por encima del punto de congelación debido a la alta presión del vapor. Los gases resultantes de dicho proceso son nocivos si se respiran, pues se trata de una toxina celular o protoplasmática. La absorción por contacto o ingestión es relativamente menos peligrosa, pero es aconsejable protegerse de este metal colocándolo en un recipiente estanco, a ser posible de cristal.

Atención: a pesar de haberle puesto la miel en los labios, debo decir que este tipo de péndulos son muy difíciles de encontrar en tiendas. Yo ni siquiera conozco ningún distribuidor con garantías al que se le puedan hacer pedidos. Aun estando recubierto de cristal, se trata, de todos modos, de un material nocivo que supone un riesgo permanente para la salud una vez liberado (lo mismo se podría decir, por ejemplo, de un termómetro para la fiebre roto).

Péndulo de azurita-malaquita.

Péndulo de mercurio.

Péndulo de pirita.

Péndulos de madera.

Péndulo de madera-cobre (espiral de cobre).

La única posibilidad de adquirir dicho péndulo sería, por puro azar, en un mercado de ocasión o de antigüedades.

Adecuado para: ¡exclusivamente, radiestesistas profesionales!

Predestinado para: se obtienen muy buenos resultados en todos los ámbitos. Personalmente lo utilizo en el ámbito de la reencarnación y para probar la contaminación electromagnética y las radiaciones terrestres.

Péndulo de pirita

Propiedades: este péndulo consta en su mayor parte de azufre y hierro.

Adecuado para: cualquier persona, sin limitación, puede utilizarlo.

Predestinado para: un péndulo de pirita es un péndulo especial, que, debido a su alto contenido en hierro, no se suele adaptar bien a las aplicaciones más comunes. Su dominio es el de la magia y el conjuro, aplicaciones que ciertamente no puede practicar cualquier persona.

Péndulo de madera

Propiedades: este péndulo existe en todas las formas imaginables.

Adecuado para: cualquier persona, sin limitación, puede utilizarlo.

Predestinado para: con este tipo de péndulo se puede aprender mucho sobre chakras y campos de interferencia. Es especialmente idóneo para realizar inspecciones de viviendas en busca de zonas de interferencia de naturaleza geológica o electrónica, así como para la localización de venas de agua.

Péndulo de madera/cobre (con espirales de cobre)

Propiedades: a la madera y al cobre en forma de espiral se les atribuyen magníficas propiedades conductoras y para el contacto con la tierra.

Adecuado para: en particular, las mujeres obtienen buenos resultados con este péndulo.

Predestinado para: una espiral de cobre encierra un espacio vacío que aquí actúa como médium. Por ello, este péndulo es idóneo para descubrir valores emocionales y características de la personalidad en las sesiones de radiestesia.

Péndulo de cristal tallado

Propiedades: el cristal tallado es un material neutro y, por tanto, universalmente utilizable en radiestesia.

Atención: asegúrese de que compra un péndulo de cristal puro, consultando las instrucciones del fabricante. Con los péndulos de cristal al plomo, usted corre el riesgo de incorporar la oscilación negativa y pesada de éste.

Adecuado para: es igualmente adecuado tanto para principiantes como para experimentados profesionales. Además, resulta estéticamente atractivo. Lo único que debe tenerse en cuenta es que es un péndulo relativamente liviano.

Predestinado para: este tipo de péndulo se puede describir sin más como un péndulo universal y de usos múltiples.

Péndulo de plástico/material sintético

Propiedades: dado que el plástico es un material artificial y que puede fabricarse en numerosas combinaciones de materiales, posee diferentes propiedades en función de cuáles sean sus componentes.

Atención: los péndulos de plástico o de material sintético son los que presentan una mayor diversidad, pero sólo unos pocos son utilizables en radiestesia. La mayoría de péndulos de plástico no pasan de ser meros juguetes. Lo mejor es que usted construya su propio péndulo. Los materiales se pueden encontrar en las tiendas de bricolaje; a través de la experimentación, usted descubrirá qué materiales son los más adecuados para ello. Algunos materiales posibles son la pasta para modelar, la pasta modelable Fimo, el poliestireno expandible Styropor, la espuma rígida de poliestrireno Styrodur, el plástico de fibra de vidrio, la fibra de carbono o la resina de moldeo.

Adecuado para: cualquiera que se divierta con ello.

Predestinado para: difiere en función del material y la composición.

Péndulo de cristal tallado.

Péndulo de plástico o de material sintético.

Péndulo hueco clásico.

Péndulo hueco original Abe Mermet.

Péndulo hueco de latón o material sintético relleno de cristal de roca.

Péndulo hueco

Este péndulo está vacío, para que se pueda abrir y rellenar, y se fabrica en diversos materiales, formas y tamaños. Además, tiene la ventaja de que puede sensibilizarse para la aplicación que se desee; por ejemplo, usted puede rellenar el péndulo de ámbar y simular un péndulo de ámbar.

Propiedades: depende del material de relleno.

Adecuado para: depende del material de relleno.

Predestinado para: depende del material de relleno.

Péndulo de Isis

Propiedades: este péndulo nos ofrece una relación de material y forma muy especial. El péndulo de Isis es torneado a partir de dos piezas macizas de latón y consta de un cuerpo y de una cabeza, mediante la cual se giran en sentido contrario las partes superior e inferior del péndulo. Por ello, el péndulo posee un efecto autopurificador que impide la transmisión de cualquier energía negativa al radiestesista. Este tipo de péndulo suele ser de latón macizo, aunque también existen modelos en plata y oro, que refuerzan sus propiedades positivas.

Atención: Isis es la diosa egipcia de la pureza, de la curación y de las mujeres. (En la actualidad, aún desconozco cómo se produce en realidad este péndulo, por lo que me complacería enormemente recibir cualquier información fundada y comprobable al respecto. Encontrarán mi dirección en la página web www.windpferd.com; *véase también* la nota en página 77.)

Péndulo de Isis de latón.

Péndulo de Isis de plata.

Péndulo de Isis de oro.

Adecuado para: este péndulo es idóneo para médicos, naturópatas y terapeutas. A partir de mi propia experiencia, puedo decir que éste es uno de los péndulos más ingeniosos dentro del grupo de Windpferd.

Predestinado para: muy bueno para sesiones de radiestesia de chakras y para enfermedades de tipo orgánico o psicológico.

Forma y composición del péndulo

Un péndulo debería presentar las menos esquinas y bordes posibles, si bien un péndulo anguloso bien fabricado posee también su atractivo. Si el péndulo presenta esquinas y bordes, procure que éstos tengan ángulos lo más planos posibles (siempre menores de 90º). Pero lo importante es que el péndulo sea siempre simétrico. El tipo ideal es el péndulo redondo que acaba en una punta limpia, la cual puede ser más aguda de 90º.

Es recomendable que el centro de gravedad esté lo más cerca posible del extremo inferior. Sería absurdo trabajar con un péndulo cuya cadena pesara 150 g y con una pesa de 4 g. Cuanto más abajo se encuentre el centro de gravedad, mejor será la oscilación del péndulo.

¿Dónde puedo adquirir un péndulo?

Los péndulos están disponibles, por ejemplo, en tiendas especializadas en esoterismo y en librerías bien provistas. En caso de que no tenga ninguna tienda de este tipo cercana, también puede comprar péndulos mediante la venta por correspondencia. *Véanse* los datos de las empresas suministradoras en pág. 77.

Un péndulo para principiantes de alta calidad se puede adquirir a partir de 10 euros en adelante sin limitación. Aunque, para empezar, un péndulo que cueste un máximo de 20 euros puede servir perfectamente. Al fin y al cabo, no es necesario que sea de platino.

Regalar un péndulo

Si usted desea regalarle un péndulo a un principiante, le recomiendo ante todo que lea el apartado «El material del péndulo» para escoger el tipo idóneo, y que éste sea convencional y tenga un peso medio. Las tiendas especializadas en esoterismo bien surtidas y las librerías orientadas hacia dichos temas suelen disponer de una amplia variedad de péndulos donde escoger. Y los profesionales que allí trabajan le darán buenos consejos al respecto.

Cuidado y conservación

Trate con mimo su péndulo, no como un objeto de culto, sino como un buen amigo. ¡Y las buenas amistades son para siempre!

Guarde su péndulo en un lugar específico y, por así decirlo, concédale su propio hogar. Éste puede ser una caja o una pequeña bolsita de tela (algodón o lino) o de cuero. Si usted guarda su péndulo siempre en su lugar correspondiente, las energías asimiladas durante su uso se mantendrán alejadas de su persona, y su péndulo no captará ninguna energía extraña durante su conservación.

Pregunta: *Hace tiempo que quiero comprarme un bonito péndulo. Pero he oído que uno nunca debe regalárselo a sí mismo, sino que éste debe ser el regalo de alguien. ¿Es eso cierto, o no es más que una superstición?*
Respuesta: Eso es absurdo. Por supuesto que puede usted comprarse un péndulo para su uso personal. No hay ningún problema en ello, aunque, si se lo regalan, obviamente le saldrá bastante más barato. Y lo mismo puede decirse de las cartas del tarot, las cartas de adivinación o las piedras runas.

Sin embargo, estas energías sí pueden intervenir durante una sesión de preguntas con el péndulo, lo que puede falsear dicha sesión. También es posible que dichas energías se transfieran al péndulo o al cliente/paciente, lo cual tendrá efectos negativos. Para evitarlo, es conveniente limpiar mentalmente el péndulo a intervalos regulares:

Limpieza mental:
Simplemente, mantenga el péndulo sumergido en agua corriente e imagínese cómo el agua elimina todas las energías negativas del péndulo y cómo éste reluce con todo su brillo. (Atención: ¡los péndulos de metal deben secarse a conciencia con un paño suave inmediatamente después del lavado para que no se oxiden!)

En cuanto a las medidas de conservación externas, bastará con frotar el péndulo de vez en cuando con un paño suave ligeramente húmedo, para quitarle el polvo y la suciedad.

¿Cómo funciona el péndulo?

¡El péndulo funciona! ¡Y quien cura se lleva la palma! Porque no necesita ninguna otra prueba. Esta argumentación es muy popular y también es aplicable a este caso. Yo mismo utilizo esta justificación en ámbitos donde la razón y la ciencia deben aplicarse tajantemente, siempre y cuando ofrezcan una explicación lógica. Aunque tengo que reconocer que también uso esta justificación de buena gana cuando no estoy de humor para enzarzarme en una discusión profunda.

Todo el mundo habrá oído en alguna ocasión el siguiente refrán: «Quien cura se lleva la palma.» ¡Pero se olvida con demasiada frecuencia que esta máxima es aplicable a todos los ámbitos y a todas las personas! Por esta razón:

Quien cura se lleva la palma.
Por tanto, ¡este principio se debe aplicar también
a las ciencias naturales y a la medicina!

Con todo, no debemos olvidar que entre combatir con éxito los síntomas y lograr la completa curación de una persona hay un largo camino por recorrer. Yo soy de la opinión que la razón, las ciencias naturales, el esoterismo y las formas de pensar alternativas no deben por fuerza entrar en contradicción. Ya seamos esotéricos, librepensadores o científicos, todos vivimos en el mismo mundo. Para todos nosotros rigen las mismas leyes, y también las mismas verdades.

Las diferencias radican únicamente en la forma de observar. Y la estupidez es producto de las falsas creencias y de la increíble arrogancia de muchas personas, que opinan que sólo existe una manera correcta de pensar. Y esto se aplica a todas las facetas de la vida.

Antes de que entremos en la cuestión de cómo funciona el péndulo, me gustaría anticiparle lo siguiente:

No precisamos saber en absoluto por qué funciona el péndulo. No existe ninguna necesidad de ello. Cuando usamos un voltímetro y comprobamos la corriente de un enchufe, éste nos da una respuesta: aproximadamente 230 voltios. Cuando pesamos una libra de harina, la báscula nos indica un peso de 450 gramos. Lo que nos interesa es el resultado, y no el funcionamiento de estos aparatos. De ello se deduce que el siguiente apartado no es absolutamente necesario para aprender a manejar un péndulo. En realidad, me hubiera podido ahorrar –y ahorrarle a usted– la explicación del funcionamiento del péndulo. No obstante, le recomiendo que lea atentamente este apartado, puesto que encontrará cosas que podrá utilizar en la vida diaria y que podrían abrirle puertas hacia una vida plena, más allá del uso que haga del péndulo.

Todas nuestras experiencias, pensamientos, sentimientos o percepciones de cualquier tipo tienen su razón de ser y pertenecen a nuestras vidas.

Por ello, por el momento es más bien secundario si se trata de deseo, felicidad, tristeza, alegría, agresividad, miedo, amor o cualquier otra cosa.

PREGUNTA: *Yo no he realizado nunca una sesión de radiestesia y me gustaría aprender. Como me gustan los objetos más bien macizos y grandes, quisiera comprarme un bonito péndulo de gran peso. ¿Puedo aprender a practicar la radiestesia con un péndulo de este tipo?*

RESPUESTA: Si ése es su deseo de corazón, puede empezar a practicar tranquilamente con un péndulo de gran peso. Pero deberá tener en cuenta que tendrá que gastar considerablemente más energía y esfuerzo que con un péndulo más liviano y pequeño.

Estas experiencias nos pertenecen a nosotros, a nuestras vidas. Estas experiencias son lo que nos distingue como personas. Sin ellas seríamos sólo un sistema biológico de complejo funcionamiento.

No obstante, en la actualidad todo nuestro progreso apunta únicamente a la ciencia, a la razón y, naturalmente, al bienestar. No tengo nada que objetar al pensamiento y procedimiento científicos, ni al sano raciocinio, ni tampoco por supuesto al bienestar. Me gustan mucho estas cosas y las aprecio. Sin embargo, los verdaderos valores, aquellos que nos distinguen como seres humanos, se tienen muy poco en cuenta en nuestros días, por no decir que son ignorados.

Forzosamente, una forma de pensar abierta, que considere todos los ámbitos de la existencia humana, es más que necesaria.

Si bien, por supuesto, todo se puede llevar al extremo.

Por ejemplo, ahí están los analistas, quienes con todo su intelecto y realismo olvidan que el corazón que palpita en nuestro pecho tiene más finalidades que la de ser simplemente un fantástico músculo que hace circular la sangre por nuestro cuerpo.

Y en el otro extremo están los esotéricos acérrimos, quienes haciendo bandera de sus particulares dogmas, han olvidado que también viven en el mundo real y que sólo con pensamientos fantasiosos no se consigue progresar ni avanzar demasiado.

Advertencia:

Dios, nuestro Señor, nos ha proporcionado dos pies para caminar por este planeta, no para visitar las esferas como si fuéramos ángeles. La radiestesia nos da una explicación diáfana y lógica.

A continuación, voy a tener que desviarme un poco más del tema central e inundarlo con más teorías; ruego al lector que me disculpe.

Si deseamos analizar las causas del movimiento del péndulo, debemos tener claro ante todo que el péndulo no oscila por sí mismo. A pesar de algunos rumores y de que haya quien afirme que un péndulo también puede oscilar por su cuenta, siento comunicarle que eso no es cierto. Inténtelo usted mismo y lo comprobará. Coja un péndulo, cuélguelo en un soporte estable y vea que sucede. No sucederá nada. Ni la energía propia del material del que se compone el péndulo, ni la energía de un objeto que se halle cerca, provocarán ningún tipo de movimiento; obviamente, salvo que se trate de imanes potentes o de campos eléctricos o electromagnéticos generados artificialmente. Idéntica afirmación puede hacerse de la telequinesia (movimiento de los objetos mediante la fuerza de la mente).

Se han realizado diversos intentos para explicar la oscilación del péndulo tomando las ciencias naturales como base. Dichas explicaciones son harto interesantes, y desde luego aportan su granito de arena a dicha cuestión. Algunas de esas teorías se exponen seguidamente:

Pregunta: *¿Es cierto que un péndulo puede oscilar por sí mismo?*
Respuesta: No, en absoluto. Da lo mismo que lo gire o que le dé la vuelta, un péndulo necesita siempre la intervención de una energía mecánica, eléctrica o magnética.

Ondas de pulso capilar

Nuestro corazón bombea la sangre por nuestro cuerpo con una frecuencia de pulso de 70 latidos por minuto, lo que quiere decir que la sangre es comprimida a través de las venas 70 veces por minuto. Esta presión/pulso avanza hasta llegar a las puntas de los dedos, que experimentan un mínimo y rítmico aumento de volumen. Este proceso es el que activa la oscilación del péndulo.

Movimiento de la respiración

Todas las personas respiran aproximadamente entre 16 y 20 veces por minuto. Por ello, la caja torácica realiza un constante movimiento rítmico, que se transmite a la pesa del péndulo a través del brazo y de la cadena del mismo, y pone el péndulo en movimiento.

Excitación emocional

Cuando experimentamos alegría, miedo, tristeza o euforia, estos sentimientos se transmiten a nuestra respiración, a nuestro pulso y a nuestra presión sanguínea, lo cual explica las diferentes oscilaciones del péndulo.

Movimiento inconsciente de los músculos

Incluso en un estado de total relajación, los músculos están siempre activos, aunque ello apenas sea perceptible. Aun cuando afirmamos que nuestra mano está completamente inmóvil, en realidad se producen ligeros movimientos que se trasmiten al péndulo y lo ponen en movimiento.

Suponiendo que los ejemplos anteriormente expuestos en torno a las explicaciones científicas sean correctos (¡y deben de serlo, porque se trata de ciencia al fin y al cabo!), eso quiere decir que en este caso tenemos varias fuentes de energía que actúan simultáneamente sobre nuestro péndulo. En consecuencia, un péndulo debería oscilar de forma descontrolada por toda la zona en cuanto lo sostuviéramos con la mano. Además, dichos ejemplos siguen sin explicar por qué recibimos respuestas que contienen un alto grado de verosimilitud o valor analítico.

La siguiente explicación de la función del péndulo es en mi opinión la más razonable, así como la más concluyente:

Cada persona posee en las puntas de los dedos pequeños grupos musculares que no pueden moverse conscientemente, o sea, de forma voluntaria. Estos pequeños músculos son los muelles impulsores del péndulo. Como no podemos influir en ellos voluntariamente, el movimiento tiene lugar de manera inconsciente.

PREGUNTA: *¿Puede dejar de funcionar un péndulo si no se limpia regularmente?*
RESPUESTA: No, eso no es cierto. Normalmente, un péndulo seguirá cumpliendo su función, pero se debe limpiar para que no retenga energías negativas de objetos o personas a los que se ha practicado una sesión de radiestesia. Por esta razón, es recomendable limpiarlo regularmente.

Para aclarar este punto, tomemos por ejemplo nuestro músculo cardíaco, el cual opera ajeno a nuestra voluntad. Todos hemos vivido situaciones en que nuestro corazón empieza a latir aceleradamente sin un motivo especial. La causa procede de nuestro subconsciente. Por mucho que nos propongamos estar tranquilos, en tales situaciones el corazón «nos sube hasta la garganta».

De igual manera, un grupo de músculos activados inconscientemente son los encargados de transmitir un movimiento oscilatorio a nuestro péndulo. La consecuencia lógica es que nuestro subconsciente activa el movimiento oscilatorio del péndulo.

Cuando trabajamos en radiestesia, el péndulo hace que podamos ver y percibir algunos hechos y propiedades, según la forma y el tipo de oscilación o la carencia de ésta, que no serían visibles ni perceptibles según los métodos convencionales, es decir, racionales. Esto implica que la radiestesia nos proporciona unos métodos que no acostumbran a ser accesibles. A continuación, me gustaría explicar este punto más detalladamente.

En el campo de la psicología, el subconsciente es un concepto que, expresado de manera simplificada, describe un ámbito de la psique humana en el que se almacenan pautas de comportamiento, recuerdos y vivencias reprimidas, además de otros factores. En psicología, dicho subconsciente se trata en parte como una personalidad independiente.

Cuando analizamos la mente humana, constatamos que la ciencia actual no tiene elementos de juicio para afirmar categóricamente dónde se encuentran exactamente el subconsciente o la mente consciente. Y ni siquiera se sabe con certeza dónde reside la memoria. Lo único que se sabe es que, cuando se perturban o estimulan determinadas regiones de la mente humana es posible repercutir en la memoria o en el comportamiento de las personas, si bien nadie puede afirmar taxativamente que dichas regiones alberguen también la memoria y las pautas de comportamiento. La mente humana es hasta tal punto compleja en sus funciones que es prácticamente inconcebible que alguien pueda jamás desentrañarla en su totalidad.

La mente consciente, el subconsciente y el alma, son conceptos de la mente que buscamos en vano. Desde el punto de vista de la biología y de las ciencias naturales, éstas son entidades no existentes, o más bien no demostrables, pero, con todo, son el requisito para una vida consciente.

Los tres planos del yo

El ser humano se divide en tres planos: el yo inferior, el yo consciente y el Yo Superior. Estos tres planos constituyen a una persona, por lo que los tres son necesarios. Si uno de estos planos resulta dañado, el hombre pone en peligro su vida. Describir estos tres planos con exactitud y en su totalidad excedería el objetivo del presente libro. Por consiguiente, acto seguido me limitaré a ofrecer sólo las explicaciones necesarias para practicar la radiestesia y me detendré más tiempo en el plano que nos concierne, el del yo subconsciente/inferior, y trataré más sucintamente los otros dos.

El Yo Superior

El Yo Superior es un nivel del ser de mayor rango que el yo inferior y que la conciencia. Nos podemos figurar que, para afrontar la vida cotidiana, son suficientes los dos últimos planos del ser, pero, en cambio, cuando se producen situaciones en que corremos el riesgo de abandonar nuestro camino en la vida o ponemos en peligro nuestro cometido vital, entonces el Yo Superior debe actuar. Las expresiones «ángel de la guarda» o «guía espiritual» se acercan bastante a la realidad.

El yo consciente

El yo consciente se puede equiparar a nuestra conciencia, así como a nuestros pensamientos y acciones conscientes. Su tarea principal reside en apoyar nuestra toma de decisiones y nuestra acción diarias. Este plano trabaja directamente con nuestro sistema nervioso central y con nuestra mente. Se corresponde con el pensamiento activo y con la lógica, y es el responsable de todos los procesos conscientes. «Pienso, luego existo».

Además, dentro de sus tareas se halla la de comunicarse con el yo inferior, pues debe transmitirle a éste lo que debe hacer o, mejor dicho, regirlo.

El subconsciente o el yo inferior

El yo inferior viene a ser el subconsciente, tal y como se lo denomina en psicología. Si bien es cierto que ambos conceptos no se corresponden enteramente, sí que son relativamente aproximados. La denominación de yo inferior no supone calificar a dicho nivel de conciencia como algo erróneo o deficiente, sino que anuncia únicamente en qué plano espiritual se encuentra esta forma de nuestro ser. El primer investigador en aportarnos una descripción del yo inferior fue Max Freedom Long, uno de los pioneros en darnos a conocer la ciencia Huna.[2]

En el yo inferior encontramos un inmenso almacén de memoria que alberga todo lo que hemos experimentado en nuestra forma de existencia, e incluso, en nuestras vidas anteriores.

Aquí es donde se controlan los procesos automáticos y los patrones de conducta. El yo inferior es una parte muy poderosa del ser humano, que, en mi opinión, acostumbra a ser menospreciada.

Dicho plano tiene como mínimo la misma categoría que la mente consciente y, desgraciadamente, hoy en día incluso es superior. Les ruego que no me malinterpreten, el yo inferior es una oportunidad estupenda para que encontremos una meta y un sentido a la vida y para que se cumplan todos nuestros deseos.

[2] Max Freedom Long, lingüista americano, se marchó a Hawái en 1917 y descifró la doctrina secreta de los nativos Kahuna expuesta en su libro, *Kahuna Magie und Geheimes Wissen hinter Wundern*, editorial Bauer, (The Secret Science Behind Miracles, Kosmon Press).

Si le dijera las posibilidades que ofrece, perdería la credibilidad que me concede el 99 % de mis lectores. Baste con decir que la conocida sentencia bíblica: «La fe mueve montañas», no es ninguna alegoría.

Debemos aprender de nuevo a comunicarnos con el yo inferior. Tenemos que aprender a integrarlo otra vez en nuestras vidas. En nuestra sociedad actual son cada vez más las personas que tienen problemas con su psique, por lo que aumentan las consultas psicológicas y terapéuticas. Existen tantas clínicas psiquiátricas como estrellas en el cielo, y se abren nuevas constantemente. ¿Cree de veras que todos estos pacientes son personas con enfermedades mentales auténticas? Desde luego que no. Se trata más bien de que nuestra sociedad moderna se encamina en una dirección que afecta sobremanera a la salud del individuo. O, dicho de otra forma, la nuestra es una sociedad en que todo está enfocado hacia la parte material (terrenal) del hombre, mientras que el otro ámbito, la parte espiritual (etérea o astral), está completamente desatendido. Esta forma de vida insana se cobra un precio cada vez más alto, por lo que no debería sorprendernos que aumenten los problemas en nuestras vidas.

En cualquier caso, no me gustaría ejercer el papel de revolucionario, ni tampoco pretendo haber inventado la rueda al decir estas cosas. Pero a todos aquellos que piensen que exagero sólo les puedo decir: de acuerdo, quizás exagero un poco, aunque díganme, ¿son ustedes realmente felices? ¿Se sienten realmente satisfechos? Si es así, me alegro por ustedes y ojalá todo el mundo experimentara ese maravilloso sentimiento, pero tengan la absoluta certeza de que forman parte de una privilegiada minoría.

Y si no son felices, pregúntense cuál es la causa de su infelicidad. Si es porque carecen de algo o no han conseguido esto o aquello, ¿por qué creen que es obligatorio tener esto o aquello?

Sigmund Freud dijo en 1930:
«El ser feliz no está ni en la naturaleza
ni en la evolución del hombre».

Yo, Werner Giessing, ahora digo:
«Ser feliz está en la naturaleza del hombre,
es decir, es su derecho de nacimiento».

Por supuesto, no soy el primero que cita el adagio anterior, ni mucho menos pretendo haberlo descubierto. Más bien, lo que deseo transmitir es que se trata de una ley fundamental de la naturaleza, de la que por desgracia se oye hablar poco y que leemos o vemos en contadas ocasiones.

Para trabajar con el péndulo en el ámbito del diagnóstico y de la investigación de cualquier tipo de hechos, lo que nos interesa principalmente es el yo inferior.

El yo inferior es un recurso extraordinario que poseemos y que, en circunstancias normales, es decir, en su naturaleza original, constituye uno de los mejores remedios para las personas.

Cuando vivimos completamente armonizados con nuestra naturaleza humana, el yo inferior funciona por sí mismo. Éste no sólo nos facilita en gran medida la vida, sino que además se ocupa de que consigamos lo que queremos y también todo aquello que sea necesario para una vida plena y feliz. Obviamente, todo esto suena algo exagerado, ¡pero es así! Las capacidades y tareas del yo inferior son bastante más amplias de lo que muchos pueden imaginar.

El problema es que en la actualidad casi nadie vive en armonía consigo mismo ni con la naturaleza. ¿Y qué sucede para que esto sea así? Bien, veamos, desde que nacemos, nuestro intelecto, forma de pensar, lógica e inteligencia están condicionados por una óptica simplista. Yo mismo lo experimenté en mis años escolares. Los test de inteligencia eran de lo más reveladores. Otras capacidades igualmente importantes como la intuición, los sentimientos, la sensibilidad, el comportamiento social y los presentimientos no eran aceptadas ni incentivadas; y, sin embargo, son éstas las cualidades que nos hacen seres humanos. Si el progreso tecnológico sigue acelerando a este ritmo, es bastante probable que en un futuro próximo dispongamos de ordenadores que funcionen casi como un cerebro humano. Tal cosa me parece de todo punto positiva, ¿por qué no íbamos a sacarle el máximo partido a la tecnología? No tengo nada que objetar.

Sin embargo, hay una cosa que nos debería hacer reflexionar: ¿dónde estará entonces la diferencia entre el hombre y la máquina?

En este dibujo (abajo, yo inferior / en el medio, la mente consciente / arriba, el Yo Superior) podemos observar que el Yo Superior, ubicado en la punta, posee asimismo la máxima calidad. El yo inferior, sin embargo, situado en la base, ocupa mucho espacio, y por ello tiene mucha influencia en nuestra acción y vida diarias.

Le ponemos nombre al niño

Deberíamos tratar a nuestro yo inferior como a un buen amigo, con aprecio y respeto. Estimado lector, ¿no le molesta esta denominación impersonal de yo inferior? Al fin y al cabo, ese yo inferior es una parte de su personalidad. Yo le he puesto un nombre a mi yo inferior. No sólo por comodidad, estética o respeto, sino por que para mí representa en cierta forma una parte independiente de mi persona. Incluso le podemos atribuir los rasgos de una personalidad independiente. Obviamente, esto no es correcto desde una óptica profesional, pero yo opino que es importante.

Busquémosle, pues, un nombre.

Creo que todos tenemos el deseo y la necesidad de tener un amigo y consejero en nuestras vidas, que siempre nos acompañe y en quien podamos confiar en todo momento. Un verdadero amigo, que siempre está ahí, sin preguntar por qué o para qué. Relájese e imagínese qué aspecto podría tener ese amigo y qué nombre le encajaría. En caso de que se le ocurra alguno de forma espontánea, elija ese mismo.

Un nombre que se suele usar con frecuencia es George. El porqué de esta elección es algo que escapa a mi conocimiento. Tal vez sea porque este nombre se usa en algunos libros sobre la ciencia Huna así como en ciertos ámbitos de la psicología americana. A mí personalmente el nombre de George me resulta muy simpático, y a mi yo inferior también le gusta. Por esta razón, en lo sucesivo utilizaré dicho nombre para referirme a mi yo inferior.

Una conversación con mi buen amigo

O eso, al menos, es lo que puede parecer cuando usted conversa con su péndulo. ¿Le gustaría quizás examinar a fondo una dolencia que vuelve una y otra vez de forma recurrente? Con la ayuda de la radiestesia, usted puede investigar las causas profundas de sus molestias. He escogido esta situación como ejemplo. En principio, me limitaré a exponerle la conversación. *A posteriori*, les explicaré cómo hacer oscilar el péndulo y lo que significan las respuestas *Sí* o *No*. Por el momento, eso no es relevante.

Queremos averiguar la razón de una enfermedad que se presenta de la siguiente forma: resfriados frecuentes asociados a una dolencia en el cuello; en especial, una inflamación de la laringe tan fuerte que para hablar se requiere gran esfuerzo y se experimenta dolor.

Para empezar, le preguntamos a nuestro yo inferior:

—Hola, George, ¿estás bien?

Nuestro péndulo oscila en sentido vertical adelante y atrás con intensidad media. *(Sí.)*

—¿George, te apetece hablar conmigo?

El péndulo oscila de nuevo adelante y atrás, pero algo más intensamente que antes. *(Sí.)*

—George tengo una pregunta para ti, ¿me ayudarás a contestarla?

El péndulo oscila claramente adelante y atrás.

(Sí.)

—George, ¿mi enfermedad tiene un origen orgánico?

El péndulo oscila adelante y atrás.

(Sí.)

—George, ¿mi enfermedad tiene un origen espiritual?

El péndulo oscila adelante y atrás, pero esta vez claramente con mayor intensidad.

(Síí.)

Así pues, mi enfermedad tiene una causa orgánica y espiritual a la vez, pero prima el aspecto espiritual.

—George, ¿hay que buscar las causas orgánicas en mi predisposición genética?
El péndulo oscila en sentido horizontal.
(No.)
—George, ¿tengo una especial propensión a las enfermedades infecciosas?
El péndulo oscila en sentido horizontal.
(No.)
—George, ¿se halla pues la causa en mi entorno?
El péndulo oscila intensamente adelante y atrás.
(Síí.)
—George, ¿se halla la causa en mi familia?
El péndulo oscila en diagonal (oblicuamente).
(Quizá no sea una pregunta tan clara.)
—George, ¿se halla la causa en mi trabajo?
El péndulo oscila adelante y atrás.
(Sí.)
—George, ¿es mi trabajo perjudicial para mí?
El péndulo oscila intensamente en sentido horizontal.
(¡Nooo!)
—¿Trabajo demasiado?
El péndulo oscila al máximo adelante y atrás.
(¡Síííí!)

Conclusión: probablemente, el cuerpo se ha debilitado tanto debido al exceso de trabajo que el sistema inmunológico no puede combatir los virus. En realidad, se podría finalizar el diagnóstico en este punto, porque, al rebajar la carga de trabajo, el cuerpo debería recuperarse y adquirir defensas suficientes para que no vuelva a surgir tal enfermedad y, en caso de ser así, el organismo podrá combatirla por sí mismo con éxito.

No obstante, hasta ahora nos hemos ocupado sólo de la parte orgánica, por lo que debemos seguir preguntando. ¿Dónde radican las causas espirituales de la enfermedad o del exceso de trabajo?

—George, cuando estoy muy enfermo ni siquiera puedo hablar, ¿significa eso que no es aconsejable que lo haga, o que no debo hacerlo?
El péndulo oscila en sentido horizontal.
(No.)
—George, ¿significa eso que no puedo o que no deseo expresar algo?
El péndulo oscila adelante y atrás.
(Sí.)
—George, ¿estoy bloqueado por algo o por alguien?
El péndulo oscila adelante y atrás.
(Sí.)
—George, ¿estoy bloqueado por mi entorno, por mi familia o por mis obligaciones?

El péndulo oscila ligeramente en sentido horizontal.
(Es más bien un no.)

—George, ¿me bloqueo a mí mismo?

El péndulo oscila adelante y atrás.
(Sí.)

Conclusión: me bloqueo a mí mismo al negarme a expresar algo o bien no soy capaz de expresarlo.

—George, ¿se hallan las causas espirituales de mi enfermedad en mi entorno actual?

El péndulo oscila en sentido horizontal.
(No.)

—George, ¿se hallan las causas espirituales de mi enfermedad ocultas en mi vida anterior?

El péndulo oscila en sentido horizontal.
(No.)

Las causas no se hallan en el presente ni en una vida anterior (karma). Como podemos concluir que los acontecimientos actuales pueden producir un karma retroactivo, nos queda únicamente como lógica consecuencia que la causa se halla en el pasado de esta vida.

Con el fin de encontrar un marco temporal, lo que resulta más efectivo es usar una tabla de péndulo para la fijación temporal o bien delimitar dicho marco temporal mediante una serie de preguntas sistemáticas. Para ello, tomamos simplemente la edad y la dividimos entre dos. Después, si hemos obtenido una respuesta positiva, podemos volver a dividir la cifra resultante por dos. Repetiremos esta división sucesivamente hasta que lleguemos, si es posible, a datar el día exacto.

—George, ¿se halla la causa en mis primeros veinte años de vida?

El péndulo oscila adelante y atrás.
(Sí.)

—George, ¿se halla la causa en mis primeros diez años de vida?

El péndulo oscila en sentido horizontal.
(No.)

Ahora sabemos que la causa se halla entre los diez y los veinte años de vida, por lo que, con la siguiente pregunta, podemos estrechar el lapso temporal a cinco años.

—George, ¿se halla la causa en mi periodo de vida entre los quince y los veinte años?

El péndulo oscila en sentido horizontal.
(No.)

Ahora conocemos el periodo de cinco años exacto. Con todo, es recomendable formular una pregunta de control que nos confirme el resultado.

—George, ¿se halla la causa en mi periodo de vida entre los diez y los quince años?

El péndulo oscila verticalmente.
(Sí.)

Ya hemos encontrado el lapso de tiempo. Ahora debemos hacer preguntas que localicen la causa. En este punto es recomendable empezar preguntando por las influencias externas, como, por ejemplo, la familia, la escuela, los amigos, los parientes, etcétera.

Además, se puede preguntar por acontecimientos especiales, como accidentes de tráfico, muertes en la familia o incluso situaciones angustiosas.

Yo mismo viví una experiencia desagradable a los cinco o seis años, al caerme practicando el esquí acuático, cuyas consecuencias aún son perceptibles treinta años después. Cuando me di cuenta de que me hallaba a 200 metros de la playa y que no llevaba ningún chaleco salvavidas, me entró el pánico, lo cual, en tales circunstancias, puede resultar fatal. Con mucho dominio de mí mismo y algo de voluntad, y tras descubrir con gran alivio que un esquí acuático flota y ofrece cierto sostén, pude nadar hasta la costa.

Sin embargo, como yo soy del tipo luchador y que se maneja bien en las situaciones comprometidas, con el tiempo mi reacción me resultaba incomprensible. ¡Aquél no pude haber sido yo! Al pensar con mayor detenimiento en aquel accidente, se me ocurrió que durante toda mi vida quizás había tenido una relación tensa con el agua. Obviamente, en mi cabeza surgió la idea de que había muerto ahogado en una vida anterior. Ésta fue la pregunta que le formulé al péndulo.

Procedí de igual forma que en el ejemplo expuesto anteriormente, y obtuve un sorprendente resultado. La causa no radicaba en una vida anterior, sino en mi infancia. De niño jugaba con mis amigos en un estanque situado justo enfrente de la casa de mis padres. Uno de mis amigos me hundió sin querer en aquel estanque de casi dos metros de profundidad. Aquella absoluta indefensión fue una amarga experiencia, y si un valiente muchacho algo mayor que yo no hubiera acudido a toda prisa, no pertenecería ahora al reino de los vivos.

Una vez pude encontrar la causa de mi pánico y traje de nuevo a mi mente este episodio, fui capaz de adoptar una actitud diferente respecto al agua y cambié mi predisposición. En situaciones críticas, aún experimento asomos de terror, pero duran apenas unos pocos segundos, y después todo vuelve a la normalidad.

Predicciones del futuro con el péndulo

Sí, puedo afirmar que se puede predecir el futuro usando un péndulo, pero al mismo tiempo debemos relativizar tal afirmación. Cuando trabaje con el péndulo y con su yo inferior, usted accederá a un inmenso espectro de conocimientos y de información que no están a su alcance de forma directa. Ya sea al preguntar si un determinado alimento es bueno para usted o cómo se encuentra una persona concreta que no está presente en ese momento, siempre se trata del ESTADO PRESENTE. Esta idea es de extrema importancia, ya que, cuando usted pregunta por ejemplo si su cónyuge le ama, y el péndulo responde algo más que un simple *no*, ello significa simplemente que, en este preciso instante en que usted utiliza el péndulo, su cónyuge no le ama. Pero no informa de qué pensaba de usted hace un minuto, ni tampoco lo que pensará de usted de aquí a dos minutos.

Tal vez acaben de hacerle una abolladura a su coche y por eso su pareja está enfadada con usted. Por tal motivo, le ruego no tomen al pie de la letra ciertas respuestas del péndulo.

Nuestro amigo George desde luego no sabe si usted mañana va a tener un accidente de automóvil, pero nota si usted está estresado y, por tanto, tiene probabilidades de despistarse. Si, por añadidura, usted tiende a conducir un tanto caóticamente, es perfectamente plausible que reciba el consejo de prestar atención en la carretera, ya que existe el riesgo de un accidente.

Igualmente puede ocurrir que, en este instante, usted se halle en un estado de tal estrés que su subconsciente le advierta de que tranquilizarse un poco le irá bien, pero naturalmente usted, como la mayoría de personas, no hará caso omiso. Dado que la persona biológica como tal es equiparable a un sistema autorregulador, usted puede deducir que en breve le va a llegar su correspondiente periodo de descanso. La cuestión es si lo va a hacer voluntariamente, o si su cuerpo va a tener que obligarlo a hacerlo. Probablemente, George le dirá que se aproxima una época de descanso. Esto puede significar, por ejemplo, una enfermedad o algo similar, por lo que usted se verá imposibilitado de seguir minando su salud.

La cuestión es obviamente cómo funciona todo este proceso: ¿se trata de George, de nuestro subconsciente o de alguna otra fuerza que sabe o puede enterarse de cosas sobre personas que no están presentes o sobre acontecimientos que no han sucedido? Aun teniendo a una persona justo enfrente de nosotros, sólo podemos ver lo que sucede en el exterior, no en su interior.

Cada ser humano es una isla

Somos islas bañadas por un mar inmenso, aunque, si dejas escapar el agua, entonces verás que todos estamos conectados unos con otros.

Al péndulo podemos formularle preguntas sobre el futuro, pero siempre que exista un nexo con el presente. Al hacer preguntas sobre acontecimientos o evoluciones futuras se pueden reconocer perfectamente ciertas tendencias. Lo que de ningún modo funciona es, por ejemplo, preguntar por números de lotería o similares, puesto que en estos casos no existe ningún estado presente neutral que sea adecuado para inferir un acontecimiento o evolución futuras.

Otra cosa son los precios de las acciones o las especulaciones. En estos casos el péndulo puede ser muy útil, simpre y cuando se posea la correspondiente experiencia en la materia. Pero ¡atención! No funcionan según el principio: ahora pienso en las acciones y me informo de si suben o bajan.

El asunto más bien consiste en informarse sobre las acciones de antemano, y así tener una cierta base o referencia para realizar la inversión. Entonces, podrá preguntar si la inversión a largo o corto plazo merece o no la pena.

Otro ejemplo: usted tiene una lata de conserva de pescado que quiere comerse y pregunta si el pescado es aún comestible. La respuesta del péndulo es «No», pues la pregunta se basa en el estado actual, es decir, en el presente.

Si a continuación usted pregunta si se pondrá enfermo al comer este pescado, la respuesta será lógicamente Sí. Usted habrá preguntado por un acontecimiento futuro que deriva ineludiblemente del estado actual del pescado y de su consumo.

Si hubiéramos preguntado en ese momento si nos íbamos a poner enfermos luego de comer ese pescado, naturalmente la respuesta también hubiera sido «Sí», lo que significa que, a pesar de haber formulado claramente en ese momento una pregunta sobre el futuro, habríamos recibido la respuesta correcta. De ahí se infiere la siguiente tesis: cuanto más cercano se halla el acontecimiento futuro y cuanto más ineludible es la causalidad entre el estado actual y el acontecimiento futuro, más exacta es la respuesta del péndulo.

Si, en cambio, hubiera preguntado si se iba a comer el pescado al día siguiente, ésa habría sido una pregunta totalmente sin sentido y, por tanto, la respuesta habría sido igualmente incoherente.

El péndulo nos transmite una información que no es accesible usando nuestra mente o intelecto, aunque dichas respuestas no están falseadas por nuestros deseos o temores.

Les insto a procurar que sus preguntas impliquen respuestas que les aporten verdaderamente alguna cosa. Sirve de más bien poco que usted haga muchas preguntas y, por tanto, reciba muchas respuestas correctas sobre un mismo problema, porque dichas respuestas no van a ayudarlo a solucionarlo. Por lo tanto, formule las preguntas de forma que las subsiguientes respuestas tengan una alta eficacia con relación a la solución del problema.

PREGUNTA: *¿No es peligroso ver el futuro con el péndulo?*
RESPUESTA: El término peligroso es relativo. Si usted intenta ver el futuro y condiciona todas sus acciones a estos resultados, entonces sí que sería problemático. Si, en cambio, utiliza esa mirada a su probable porvenir para ser más positivo, no hay ningún problema. A lo único que hay que prestar atención es a las llamadas profecías autocumplidas, que, dicho sea de paso, raramente suceden. Cuando una persona tiene tendencia a sucumbir a dichas profecías, debería no implicarse en asuntos que poseen un carácter adivinatorio. Y lo mismo vale para cualquier método esotérico.

Posibilidades y ámbito de aplicación del péndulo

Existen numerosas posibilidades y ámbitos en los que el péndulo puede usarse provechosamente, si bien no todos están incluidos en este libro. De todas formas, la intención de los ejemplos propuestos es motivarlo para que usted los busque por sí mismo y haga sus propias deducciones.

En cualquier caso, le recomiendo que utilice su péndulo en aquellos lugares donde sea de verdadera utilidad para usted o para otras personas. Discernir qué es útil y qué no lo es naturalmente es una cuestión enteramente personal. Lo que sí debería evitar en lo posible es, por ejemplo, preguntar al péndulo cada día lo mismo o basar su decisión totalmente en lo que éste le responda.

Si usted aparca en un lugar prohibido y ve venir a la policía de lejos, tiene poco sentido preguntar al péndulo si lo van a pillar o no. Eso sería, lisa y llanamente, una tontería. En ocasiones, sin embargo es recomendable ayudar un poco al potente intelecto humano.

Sobre todo cuando se trata de relaciones de amistad o pareja, se debería tener claro que el resultado no va a cambiar por más preguntas que hagamos.

El péndulo nos ayuda en particular en aquellos aspectos en los que nuestro sentido común no tiene jurisdicción, y también cuando necesitamos el consejo neutral de un buen amigo, no un bonito discurso, sino una respuesta sincera. Y esto también se aplica a los acontecimientos del futuro.

La radiestesia puede convertirse en una fiel compañera y consejera siempre y cuando se la use correctamente. Pero nada más. A fin de cuentas el escuchar al péndulo o no depende enteramente de usted.

Importante: Las siguientes páginas le muestran posibilidades para utilizar el péndulo correcta y provechosamente. ¡Pero no deben considerarse una guía de preguntas independiente ni completa! Recuerde siempre formular preguntas que puedan contestarse con un *sí* o un *no*. A continuación, me limito a mostrarles únicamente el ámbito de las preguntas, por lo que usted mismo es quien debe formularlas.

Salud/cuerpo

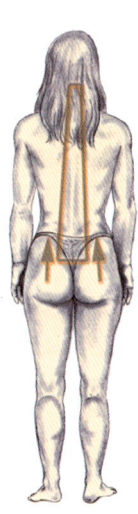

Los casos de malestar, agotamiento o desánimo tienen más de una posible causa: un esfuerzo o cansancio excesivos, problemas emocionales, enfermedades orgánicas, mala alimentación o estilos de vida incorrectos. Con la radiestesia, usted puede determinar la causa concreta de su problema.

Y el próximo ámbito de aplicación de nuestro péndulo es preguntar cuál es el mejor método de curación para una enfermedad.

¿Dónde me puedo recuperar mejor? ¿Es mejor el médico de cabecera, el médico naturista, el psicólogo, el terapeuta o el especialista en medicina asiática? ¿Sirven la aromaterapia, la homeopatía, el tratamiento con flores de Bach o la acupuntura, o lo más sensato es acudir a la clínica?

Muchos psicólogos e incluso médicos naturópatas se sirven del péndulo como herramienta de diagnóstico. Más de una vez le he tenido que entregar alguno a un profesional de medicina general.

Con todo, ¡el diagnóstico sanitario profesional debe quedar siempre reservado al médico o terapeuta! Además, les ruego tengan en cuenta que tanto uno como otro profesional observan con cierto escepticismo la práctica de la radiestesia, así que no siempre es conveniente comunicarle a éste con mucho ímpetu el diagnóstico obtenido con el péndulo. Sea diplomático cuando le exprese su opinión a su médico; de este modo ésta será tenida en cuenta.

Evite, sin embargo, anticiparse a su médico. ¡Él es el profesional!

Si intenta explicarle a su neuróloga cómo hacer un TAC (tomografía axial computerizada) mediante la radiestesia, con toda seguridad, y expresado suavemente, topará con un muro. Eso es probablemente lo peor que puede pasar.

¿Y qué sucede con las alergias? Obviamente, el péndulo también funciona en tales casos. Es desde luego complejo, pero factible. ¿Qué tejidos debo llevar? ¿A cuáles de ellos reacciono bien? ¿A cuáles no reacciono o reacciono negativamente? ¿Pueden los implantes como tales desencadenar alergias, o únicamente los polímeros?

En teoría, se le puede preguntar al péndulo cualquier cosa relacionada directamente con su cuerpo.

Psicología

La psicología ofrece un inmenso campo de aplicación para el péndulo, tanto en el ámbito de la curación como en el de la regeneración. Esta disciplina contiene un método muy eficaz para establecer contacto con el subconsciente y para volver a comunicarse con la mente consciente.

Correctamente usado, el péndulo es una herramienta idónea cuando se trata de formular preguntas destinadas al análisis y a la terapia.

El péndulo puede servir también para interrogar sobre las relaciones familiares internas. Eventualmente, así se pueden descubrir e incluso tal vez curarse determinados problemas psíquicos. ¿Cómo me llevo con mi hermano o con mi madre? ¿Hay cosas en el ámbito de mi familia que estoy reprimiendo? ¿He hecho las paces con mi padre/mi madre? ¿Por qué me niego a hacerlas? ¿De qué tengo miedo en realidad?

Trabajo

Si hay ciertas cosas que no tiene claras, interrogue a su péndulo al respecto.

¿Cuáles son mis aptitudes reales? ¿Estoy suficientemente bien remunerado en mi cargo? ¿Estoy cualificado para ocupar el lugar que me han propuesto? ¿Sufro realmente *mobbing* laboral, o sólo es la sensación que tengo? ¿Tengo un sentido de la responsabilidad excesivo? ¿Mi trabajo responde a mi vocación? ¿Soy por naturaleza un adicto al trabajo, o compenso a través de él algunos temas o problemas personales? ¿De qué huyo en realidad? ¿Qué problema intento compensar con mi profesión?

Alimentación

La radiestesia enfocada a la alimentación resulta muy interesante. Suele resultar muy útil saber si un alimento es fresco o no, o si la manzana procedente de cultivos ecológicos está realmente libre de productos químicos o de otras sustancias nocivas. El campo de la manipulación genética, cada vez más de actualidad, ofrece un amplio campo para la radiestesia.

¿Me beneficia o me perjudica un alimento concreto? ¿Contiene el alimento realmente los ingredientes que afirma la etiqueta?

Piedras sanadoras

Uno de los ejercicios más sencillos para el péndulo es preguntarle: ¿es esta piedra sanadora adecuada para mí? ¿Me aporta en realidad el efecto esperado, o simplemente tiene un bonito aspecto?

Pruebe mediante el péndulo si una piedra sanadora o una piedra preciosa son auténticas o si se trata de una piedra manipulada. Por ejemplo, la citrina. ¿Es natural o se trata de una amatista quemada?

Su péndulo le revelará si una piedra aporta las energías que prometía, o bien si una piedra cargada sirve a su finalidad.

Relaciones de pareja

Al iniciar una relación amorosa, resulta particularmente emocionante preguntar al péndulo al respecto.

¿Es esta persona realmente buena para mí? ¿Es sincero/a? ¿Deseo en realidad esta relación? ¿Hay problemas en mi relación que no quiero ver? ¿Hay aspectos que debo corregir? ¿Estoy preparado para iniciar una verdadera relación? ¿Cuáles son los rasgos de carácter más destacados de mi compañero/a? ¿Cuáles son sus virtudes y defectos?

Y, transcurrido un tiempo de relación:

¿Debo quedarme embarazada? ¿Niño o niña?

Medicina astral, aceites, flores de Bach, homeopatía y esencias de maestros

Existen muchas posibilidades, por lo que no es fácil escoger. ¿Qué esencias astrales me pueden ser más útiles?

Rasgos de carácter

Nadie puede ver en el interior de otras personas, aunque en ocasiones estaría bien conocer mejor las auténticas motivaciones de los demás.

¿Es esta persona verdaderamente sincera o sólo piensa que lo es? ¿Es su comportamiento síntoma de fortaleza o tiene más que ver con una desmedida arrogancia? ¿Desea o puede él/ella cambiar? ¿Aplicado/a o vago/a, extravertido/a o introvertido/a, rápido/a o lento/a, atlético/a o comodón/a?

Como ven, hay un sinnúmero de posibilidades para dilucidar los diferentes rasgos de personalidad.

Radiaciones terrestres, contaminación electromagnética

La radiestesia enfocada a espacios habitables, habitaciones y salas de trabajo aporta calidad de vida. ¿Está mi cama en el lugar adecuado? ¿Es mejor poner una planta o una fuente de habitación al lado de mi mesa de escritorio?

Por lo general, el péndulo nos ayuda a entender mejor nuestro espacio vital. Nuestro planeta está rodeado y atravesado por campos eléctricos y electromagnéticos, que en la constelación inadecuada pueden llegar a causar enfermedades orgánicas. El péndulo, así como la varita y el tensor, son actualmente los instrumentos más fiables para mostrarnos dichos campos de energía.

Feng shui

El feng shui, la doctrina de la armonía de los paisajes, los edificios y los espacios, es un método fantástico para optimizar y armonizar las energías presentes dentro de los espacios vitales y en torno a ellos. Por tal motivo, ya no resulta extraño que los principales maestros del feng shui sean buenos conocedores de la radiestesia. El feng shui (viento y agua) no sólo tiene en cuenta las energías de la Tierra y del espacio vital, sino también las del cielo. (Libro aconsejado: *Wenn Räume Erwachen*, de Brigitte Gärtner, Windpferd Verlag.)

Si, además del feng shui, utiliza el péndulo, podrá averiguar si los cambios realizados surten efecto o si, por ejemplo, siguen existiendo dos venas de agua subterráneas que se cruzan y que influyen negativamente en los espacios vitales. Yo, por mi parte, sigo los consejos de esta doctrina y compruebo siempre la situación de la vivienda *in situ* con el péndulo.

Búsqueda de tesoros

Esta expresión es obviamente un tanto exagerada, pero con todo sigue siendo posible en ciertos ámbitos. Suena más realista si decimos que buscamos cosas u objetos perdidos. Seguramente les habrá pasado alguna vez que han perdido un objeto que en ese momento no necesitaban en algún lugar de la casa. Y con posterioridad, cuando ya habían olvidado por completo dónde estaba, de repente lo necesitan con urgencia. Con la ayuda de un péndulo podrán simplificar en gran medida la búsqueda.

¡La búsqueda de tesoros todavía funciona!

Comprobación de material

Observándolo desde fuera y sin conocimientos específicos en la materia, a menudo no podemos comprobar si un material es lo que parece por su aspecto exterior. Éste es el caso, por ejemplo, de las joyas.

¿Es el anillo realmente de oro, o sólo está bañado en este metal? En estos casos debemos tener cuidado con las preguntas, puesto que las joyas nunca están cons-

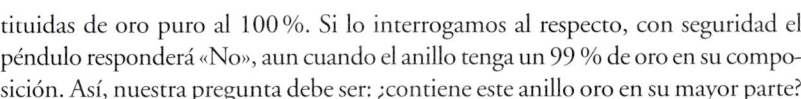

tituidas de oro puro al 100 %. Si lo interrogamos al respecto, con seguridad el péndulo responderá «No», aun cuando el anillo tenga un 99 % de oro en su composición. Así, nuestra pregunta debe ser: ¿contiene este anillo oro en su mayor parte?

Comprobación de autenticidad

De igual manera podemos comprobar la autenticidad de otros metales nobles, joyas, objetos de arte, piedras preciosas e incluso documentos.

Libros

No se rían, no es broma. ¡Utilice el péndulo con un libro autorizado sobre el tema para comprobarlo! Acérquese a una librería y busque un buen libro sobre feng shui. Encontrará muchos títulos sobre esta temática. ¿Cuál es el más adecuado para sus necesidades? ¡Utilice la radiestesia y lo sabrá! Con frecuencia presencio cómo los clientes que entran en mi tienda sacan su péndulo sin vacilar, y en dos minutos ya han decidido lo que quieren.

Chakras y energías internas

Si desea saber algo sobre chakras y energías internas, el péndulo representa un importante medio para conseguirlo. Éste le proporciona información exacta sobre chakras, hasta qué punto éstos están abiertos o cerrados, además de informarle dónde se encuentran las carencias. Obviamente, hay quien me responderá que para eso no necesita ningún péndulo, que lo puede hacer con sus propias manos. Ciertamente, eso será válido para algunos, pero no todas las personas tienen esa capacidad. Piensen que todo lo que usted puede palpar con sus manos o que puede ver en el ámbito del aura no deja de tener un carácter puramente subjetivo. Esto no quiere decir que todo lo que su sentido del tacto toca o siente sea falso. Más bien lo que sucede es que dicha percepción siempre estará condicionada por su constitución personal, física y espiritual. Aun cuando podamos percibir visualmente los chakras y el aura, dicha percepción siempre estará filtrada por la propia aura.

Cuando se realiza la radiestesia correctamente, disponemos de un mensaje o respuesta que a mi entender es más fiable que una percepción subjetiva.

Los ejemplos aquí mostrados son sólo una pequeña parte de lo que puede hacer un péndulo. Las posibilidades son infinitas, pero nunca olvide que un péndulo es una herramienta, un instrumento de medida, y nada más.

Los peligros que conlleva el péndulo

Trabajar con el péndulo no es arriesgado ni peligroso. Sin embargo, me gustaría exponer aquí algunos puntos que usted debe conocer, lo cual es especialmente válido para aquellas personas con problemas espirituales o con una personalidad inestable.

Cuando se realiza el primer intento con el péndulo y éste funciona, puede suceder fácilmente que empecemos a usarlo a diario, no sólo como instrumento de diagnóstico, sino como ayuda para tomar decisiones. No tengo nada que objetar a ello, pues también utilizamos a diario el cepillo de dientes o una vía de circulación. El problema es que lleguemos a depender del péndulo para tomar casi cualquier decisión. Lo recomendable es usar la radiestesia sólo cuando no podamos solucionar algo por medio de nuestra inteligencia o cuando necesitemos una confirmación. En caso contrario, perderemos rápidamente la habilidad de comparar y ponderar las diversas alternativas de acción de que disponemos. El resultado es que nos acostumbramos a depender exclusivamente de un poder más elevado y perdemos la capacidad de juzgar situaciones complejas.

PREGUNTA: ¿La radiestesia tiene que ver con la hechicería y con la magia?
RESPUESTA: Si por magia entendemos aquellas muestras de habilidad que mediante la rapidez y la destreza producen una ilusión o fingen una situación real, la radiestesia no tiene nada que ver con eso. La hechicería es una cosa aparte. Si está pensando en espíritus, demonios y conjuros, le puedo garantizar que la radiestesia no guarda ninguna relación. Si, en cambio, entiende que la magia empieza por el amor entre las personas, y que la absoluta felicidad produce su propia magia, puedo afirmar que sí, que la radiestesia tiene relación con la magia. Experimentar un sentimiento de felicidad, poseer la capacidad de presentir cosas o intuir la acción de su ángel de la guarda. Todo es magia. ¡El mundo es mágico!

Requisitos básicos para trabajar con el péndulo

En primer lugar, el trabajo con el péndulo dependerá de nuestro estado de ánimo y de nuestra situación interior. Si estamos muy nerviosos o muy implicados emocionalmente, las respuestas que recibamos del péndulo nos aportarán poco. Y por la fuerza no se consigue nada.

Por tanto, tenga en cuenta que, muy a menudo, el deseo es el padre del pensamiento y, en consecuencia, ¡nuestros deseos, angustias y temores podrían falsear el resultado!

Cuando vayamos a realizar una sesión de preguntas con el péndulo es aconsejable que estemos relajados y que hayamos recorrido al menos la mitad del camino hacia la armonía con nosotros mismos. Lo ideal sería adoptar una aptitud lo más neutral posible respecto a los resultados de las preguntas. Aunque esto no significa que debamos ponernos a meditar o ensimismarnos durante horas cada vez que hagamos una pregunta. A mi entender, la meditación en el momento de formular preguntas profundas es sin duda provechosa para la vida diaria, pero no imprescindible.

Lo que está absolutamente prohibido es:

- *¡Tomar alcohol antes o durante la sesión de radiestesia!*
- *Ingerir medicamentos que puedan influir en la capacidad de reacción o de pensamiento, lo que incluye determinados calmantes, así como psicofármacos o medicamentos (estimulantes) que afectan al estado de ánimo.*
- *¡Fumar durante la sesión de radiestesia!*
- *¡Tomar drogas de diseño de cualquier tipo!*

La radiestesia no funciona:

- *Cuando estamos enfermos (con fiebre, gripe, infecciones…).*
- *Justo antes de o durante una tormenta.*
- *En caso de problemas espirituales o emocionales graves.*
- *Si nos sentamos con las piernas cruzadas.*

La posición del cuerpo

Siéntese en una silla. Las personas diestras deberán sostener el péndulo con la mano derecha y las zurdas hacerlo con la mano izquierda. Con ánimo de simplificar, las explicaciones expuestas en este apartado (¡sólo en éste!) se refieren al uso del péndulo para personas diestras; por tanto, las personas zurdas deberán aplicarlas a la inversa.

Tome asiento en una postura relajada, lo más erguido y cómodo posible (si su barbilla toca la tabla de la mesa es que quizá se ha relajado demasiado). ¡Los dos pies deben tocar el suelo y las piernas no deben estar nunca cruzadas! Le ruego que compruebe con frecuencia la posición adoptada. Incluso yo me suelo sorprender a mí mismo *in fraganti* con las piernas cruzadas. Apoye el codo del brazo derecho sobre la mesa para obtener, por un lado, una cierta estabilidad y, por otro, para que el brazo no se canse tan rápidamente. Sostenga el péndulo con la mano derecha y aguarde a ver qué pasa.

La posición de la mano

Existen varias formas de sostener un péndulo con la mano:
- Puede colgarse la cadena del dedo índice extendido introduciendo éste por el anillo de cierre (1).
- Puede dejar que la cadena cuelgue del borde de la palma de la mano sosteniéndola entre los dedos y el pulgar (2).
- Puede sostener la cadena entre el dedo índice y el pulgar (3).
- Puede colocarse la cadena en el dorso de la mano de forma que el extremo de ésta esté sostenida por el pulgar y que el péndulo cuelgue del borde del dorso de la mano (4).
- Puede sostener la cadena en la mano extendida entre el dedo índice y el dedo corazón (con el dorso de la mano hacia arriba), (5).

Personalmente, yo prefiero sostener el péndulo entre el pulgar y el índice. Simplemente pruebe la posición que mejor le va. Lo importante es que decida una posición concreta y que, a ser posible, la mantenga. De igual manera que debe decidir qué tipo de péndulo prefiere utilizar, también debe decidir cuál es la posición idónea que desea adoptar habitualmente con el mismo.

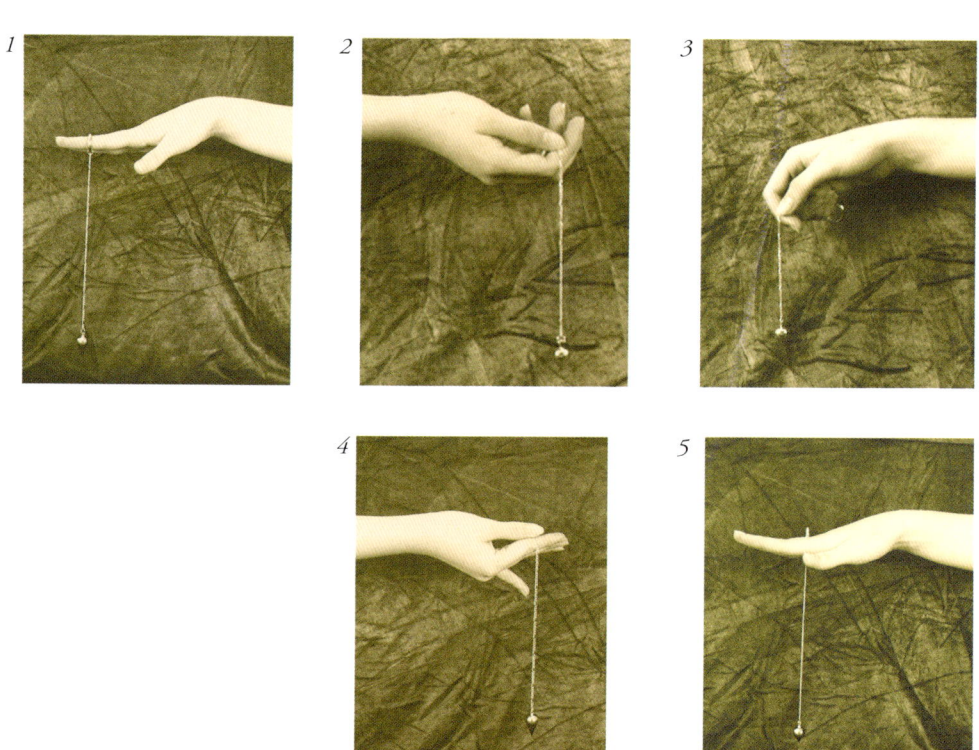

Cómo generar las primeras oscilaciones del péndulo (conscientemente)

Siéntese cómodamente ante una mesa e intente estar lo más relajado posible. Es decir, siéntase suelto. Considere el péndulo un nuevo juguete, cuyas utilidades ahora se dispone a explorar. Sostenga el péndulo con su mano derecha, apoye los codos sobre la mesa y deje primero que éste cuelgue plácidamente de la cadena.

Procure ahora no pensar en otra cosa que no sea en poner en movimiento el péndulo. Esfuércese por hacer oscilar el péndulo conscientemente adelante y atrás (primero alejándolo de usted y después acercándolo de nuevo). Si, para hacerlo, necesita mover su mano hacia adelante y hacia atrás, hágalo sin más. Una vez haya conseguido generar la oscilación, inténtelo ahora sin mover la mano. Normalmente, esto se consigue desde el principio, ya que sólo necesita mover su dedo hacia adelante y hacia atrás, y en seguida se produce la oscilación. Ahora pruebe a poner el péndulo en movimiento sin moverse usted, y sin mover la mano ni los dedos. Quizá necesite un momento, pero en seguida el péndulo comenzará a oscilar. No se rinda en caso de que no lo consiga rápidamente; a veces se precisa algo más de tiempo.

Posiblemente, el péndulo permanezca completamente inmóvil y la cadena parezca vibrar ligeramente. Quítese el péndulo de la mano, levántese de la silla y sacúdase bien las manos. Asimismo, puede ser útil frotarse ambas manos como si quisiera calentárselas. Verá como al final el péndulo funcionará.

Ahora concéntrese en obtener una oscilación uniforme. También es recomendable exteriorizar en voz alta lo que usted desea del péndulo. Cuando el péndulo oscile uniformemente, intente controlar la intensidad de la oscilación. Deje que oscile con intensidad conscientemente, e intente después frenarlo hasta que el péndulo oscile al mínimo. Una vez lo haya conseguido, pase al siguiente ejercicio.

Deje oscilar su péndulo horizontalmente de izquierda a derecha, de forma uniforme, e intente ahora controlar la intensidad de la oscilación. Haga lo mismo diagonalmente (oblicuamente) de izquierda a derecha.

Todo esto no debería resultarle difícil.

Coja ahora el péndulo y deje que oscile en círculo. Primero hacia la derecha y luego hacia la izquierda. También en este caso se aconseja intentar controlar la intensidad y la velocidad de la oscilación circular.

Para finalizar, repita el proceso, pero esta vez con un movimiento de elipse.

Bien, ahora ya ha practicado con el péndulo; desde luego no con la finalidad que se practica realmente, pero ha aprendido a hacerlo oscilar de forma consciente y controlada en una dirección concreta.

Su *Sí* y su *No* personalizado

Ahora comprobemos cómo funcionan su *Sí* y *No* personalizado; para ello existen varias posibilidades.

El método neutral

Sostenga una pila con su mano izquierda de forma que el polo positivo apunte hacia arriba. Asegúrese de que la pila está cargada. Sostenga su péndulo sobre el polo positivo y limítese a esperar. Por lo general, el péndulo debería empezar a oscilar en pocos segundos.

Coja ahora la pila por el otro lado, es decir, con el polo negativo apuntando hacia arriba. Sostenga de nuevo su péndulo sobre el polo. Ahora éste debería oscilar en sentido contrario al caso anterior. De esto se deduce que, cuando el péndulo oscile verticalmente sobre el polo positivo o describa un círculo a la derecha, oscilará horizontalmente sobre el negativo o describirá un círculo a la izquierda. El polo positivo de la pila equivale a su *Sí* personal y el negativo se corresponde con su *No* personal. Tan fácil como eso.

El método intuitivo

Usted puede sostener el péndulo con la mano y formularle una pregunta cuya respuesta ya conoce perfectamente, pero le ruego se abstenga de hacer preguntas sobre suposiciones. Si, por ejemplo, usted pregunta si su compañero/a le es fiel, naturalmente usted debería saber cuál es la respuesta correcta. No obstante, dicha pregunta no es adecuada a nuestros propósitos, porque lo que nosotros creemos es una cosa y la realidad posiblemente sea otra muy distinta.

Es más conveniente realizar una pregunta del tipo: dos y dos son cuatro, ¿cierto?, de la que obtendrá un *Sí*. O bien: Berlín está en Estados Unidos, ¿verdad?, a lo que el péndulo responderá con un *No*.

El método Huna

El tercer método sirve para calibrar el péndulo. Naturalmente, no estamos calibrando el péndulo como tal, ya que en este caso no le preguntamos a George cómo le gustaría responder, sino que le damos de antemano unas pautas para hacerlo. Nos concentraremos, pues, en George (nuestro yo inferior); después haremos oscilar el péndulo en sentido vertical y pensaremos: Esto equivale a sí. Luego, dejaremos oscilar el péndulo horizontalmente y pensaremos: Esto equivale a NO. Repetiremos este procedimiento varias veces. A continuación, haremos oscilar el péndulo en sentido circular hacia la derecha y pensaremos: Esto equivale a sí. Haremos el mismo proceso pero hacia la izquierda y pensaremos: Esto equivale a NO. Cuando hayamos hecho este ejercicio varias veces, sostendremos el péndulo manteniéndolo quieto y pensaremos en un sí. Verá cómo el péndulo empieza a oscilar. Primero lentamente y después con algo más de velocidad. La oscilación será vertical o bien en forma de círculo a la derecha. De igual modo, inténtelo ahora con un NO. Es aconsejable repetir este ejercicio varias veces, y después empezar lentamente a formular preguntas cuyas respuestas usted ya conozca (*véase* explicación anterior). Le recomiendo que comience con preguntas sencillas.

Todos los procedimientos propuestos funcionan, pero no debería dar por sentado que obtendrá en seguida un 100 % de resultados. Es absolutamente normal que al principio el péndulo no se mueva. Se precisa algo de tiempo hasta que se produce la primera oscilación. Lo normal es que se necesiten entre tres y cuatro intentos. Cuando usted se saca el permiso de conducir, no se pone a circular a 220 km/h. por la autopista abruptamente. Lo más habitual es que, al principio, se le cale el motor una o dos veces y luego con precaución haga su primeras horas de carretera. Así que, por favor, tengan un poco de paciencia.

La causa de que su péndulo no se mueva puede deberse a que usted lo mira demasiado fijamente, y ello da como resultado que éste se queda clavado. En algunos casos, se llega a tales extremos que se empieza a mover conscientemente la mano que lo sostiene, y por ello el péndulo no «piensa» de ningún modo en ponerse a oscilar. Así que intente no observar fijamente el péndulo.

Como ya sabemos, la oscilación inconsciente del péndulo es iniciada y controlada por George. Tal vez George aún no se ha dado cuenta de qué se trata, o quizá George aún no esté del todo animado. Por tanto, hagamos de despertador para nuestro George.

Deje a un lado el péndulo. Siéntese o póngase de pie, bien recto en una posición cómoda e intente estar lo más relajado posible. Ahora nos disponemos a captar energía, a concentrarla y a llevarla a nuestro yo inferior, es decir, a George.

Captar energía y llevarla a nuestro yo inferior

Para ello, junte ambas manos y fróteselas. Primero suavemente y luego cada vez más rápido, como si se las quisiera calentar. Con este ejercicio, usted activará los chakras de las manos.

Ahora colocaremos las manos extendidas a la altura del pecho (con las palmas hacia dentro) a una distancia de unos 20 a 30 cm. Imagínese que está modelando una esfera, vaya acercando las manos lentamente con movimientos circulares, y luego vaya alejándolas. Tendrá la sensación de que se ha creado una ligera resistencia entre ambas manos. Cuanto más modele esta esfera de energía, más real se hará; cuanto más se acerquen sus manos, mayor será la sensación de resistencia y energía. Sienta la esfera, alégrese de su intensidad. Visualice esa esfera como si fuera real y asígnele mentalmente un color.

Este procedimiento no debería ocuparnos más de dos o tres minutos. Mediante la conformación de dicha esfera de energía, usted habrá activado y sensibilizado sus chakras de las manos, lo cual también es muy útil con el uso del péndulo. Ahora, al cogerlo, verá que sin duda funciona mejor. Pero todo esto no basta para despertar a George.

Ahora debemos conducir poco a poco esta esfera de energía que hemos creado hacia nuestro cuerpo e introducirla en él por la zona del pecho. Por así decirlo, usted percibirá cómo algo penetra en su cuerpo por la parte superior del esternón.

Mientras tiene lugar este proceso, es recomendable que usted lo refuerce con su pensamiento, es decir, debe hacerse una auténtica imagen de la esfera en su mente: cómo ésta se forma y cómo se hace cada vez más grande y poderosa. Sólo cuando usted perciba verdaderamente la esfera, le transmitirá a George la idea de que le está proporcionando energía y fuerza.

Proceso resumido:

Visualizar la esfera, hacerse una imagen de ella, darle forma y llevarla a través del cuerpo hasta su Yo inferior.

Sí, *No* o *Quizá*; ésa es la cuestión

Una vez ya hemos aprendido cómo trabajar con el péndulo, analicemos algo más detenidamente cómo deben interpretarse las oscilaciones del mismo.

En el siguiente texto me baso en la polaridad positiva, lo que significa:
- Oscilación vertical equivale a un *Sí*.
- Oscilación horizontal equivale a un *No*.
- Círculo a la derecha equivale a un *Sí*.
- Círculo a la izquierda equivale a un *No*.

Para todos aquellos que tienen una coordinación opuesta –polarización negativa, aunque sólo sea parcialmente–, las instrucciones siguientes se aplicarán en sentido inverso.

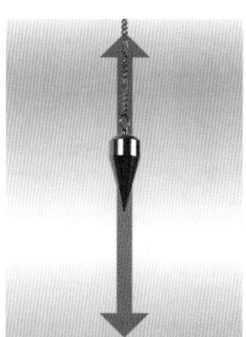   

Cuando formulamos una pregunta cuya respuesta clara es un *sí* o un *no*, puede suceder que el péndulo oscile en diagonal (oblicuamente) o que describa una elipse.
- Diagonales: no hemos recibido una respuesta clara.
- Elipses: se pueden interpretar como un *quizá*.

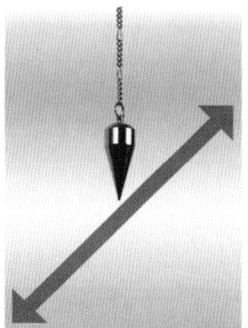 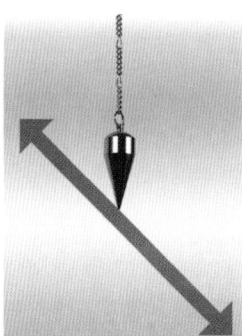 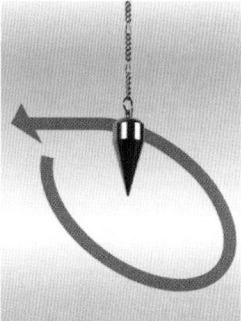 

Preguntas que debemos evitar

Todas las preguntas que se refieren a eventuales accidentes futuros quedan terminantemente prohibidas (¿Cuándo voy a morir? ¿Cuándo va a morir mi cónyuge o mi hijo?...), sobre todo porque la respuesta será falsa con toda seguridad. Además, esa respuesta no le aportará nada positivo a su vida.

Procure que sus preguntas, así como las de sus clientes, sean justificables ética y moralmente. En mi experiencia me he encontrado con clientes a los que he preguntado sin rodeos si no estaban siendo un tanto oportunistas. Quiero decir que a menudo se formulan preguntas en torno a una herencia que se espera recibir o a un cónyuge del que uno desea emanciparse tras su muerte. En estos casos debo decir algo así como: «Lo siento, pero ese tipo cuestiones no entran en mis servicios, y espero que tampoco en los suyos».

Hacer la pregunta correcta es aquí la cuestión

PREGUNTA: *Cuando el péndulo gira a la izquierda, significa un No y cuando gira a la derecha significa un Sí, ¿es correcto?*
RESPUESTA: No del todo. Para la mayoría de personas es así, pero para un 10 % es justo a la inversa. Cada uno debe descubrirlo por sí mismo.

En los capítulos anteriores usted ha aprendido cómo puede servirse de una fuente de información y cómo hacer que ésta se nos revele, pero esto no es lo único que necesitamos para practicar la radiestesia con éxito.

La clave de esta disciplina consiste en formular las preguntas «adecuadas».

Se puede obtener un *sí*, un *no* o un *quizá* del péndulo, así que debemos formular las preguntas de forma que puedan ser respondidas en lo posible sólo con estos monosílabos. No es algo excesivamente complicado. Lo único que hay que procurar es tener claro qué es lo que deseamos saber.

Si se trata de saber si un alimento nos conviene o no, simplemente haremos la pregunta: ¿Es este alimento bueno para mí? Así de sencillo. Pero aún no sabremos por qué dicho alimento es bueno o perjudicial. Si queremos saber más sobre el asunto, deberemos plantearnos otras preguntas, por ejemplo: ¿Está pasado o caducado? ¿Se ha tratado con productos químicos? ¿Ha sido modificado genéticamente? ¿Me provocará una reacción alérgica? No es un proceso necesariamente difícil, pero nos puede llevar algo de tiempo hasta que sepamos lo que queremos saber. (Para saber cómo se desarrolla dicho proceso, consulte el apartado sobre el «Trabajo con las tablas del péndulo».)

En el ámbito de los sentimientos y emociones, el asunto de la correcta formulación de preguntas toma otro rumbo muy distinto. En este punto, le ruego tome en consideración el siguiente consejo: no se debe preguntar siempre todo. A veces es mejor confiar únicamente en nuestro corazón y admitir las cosas. Todo lo que elaboramos en nuestra mente son siempre teorías. El conocimiento no surge hasta que no experimentamos realmente.

Supongamos, por ejemplo, que usted se ha enamorado de otra persona, y que ahora desea saber si él/ella le corresponde. Ningún problema, piensa usted, la pregunta es muy sencilla: ¿Me quiere él/ella o no?

Si de todas formas decide ignorar mi consejo, coja el péndulo, concéntrese en la persona que desee y pronto obtendrá resultados. Si utiliza una fotografía, aún funcionará mejor (*véase* el apartado «El testigo»). Desde luego, es una buena oportunidad, pero…

Suponiendo que se trate de un hombre y que la respuesta sea claramente un sí, usted sabrá únicamente que su amor es correspondido. Pero nada más. Usted no sabrá si él le va a demostrar su amor o si la desea, ni tampoco sabe si está casado y, ni mucho menos, si la hará feliz.

Como ve no es tan fácil formular las preguntas correctamente.

Ahora, usted podría preguntarle perfectamente al péndulo si este hombre la hará feliz. Esta pregunta es más efectiva. Pero todavía seguiremos sin tener claro cómo lo hará. Puede suceder que ambos se conozcan, se casen, y después se pregunte cómo es posible que este hombre, que la ama de verdad, se haya convertido en un vago y en un borracho inútil. En consecuencia, usted experimentará sin duda un momento de felicidad absoluta, pero será cuando finalmente lo deje. ¡Así que haga preguntas inteligentes!

El contacto

Cuando usamos el péndulo con un objeto, sostendremos el péndulo con la mano derecha y el objeto con la izquierda, estableciendo así un contacto que facilita notablemente el acceso a la información, ya que nosotros asimilamos la correspondiente oscilación. Cuando se trata por ejemplo de un medicamento, basta con el envoltorio, el prospecto o la receta prescrita (cuando en ella conste sólo un medicamento recetado) para establecer la correspondiente conexión.

Si desea preguntar al péndulo sobre las características de una persona, obviamente lo mejor es que dicha persona esté presente en la sesión. Siéntese junto a dicha persona o enfrente de ella para que pueda coger cómodamente la mano de él/ella con su mano libre, procurando que las puntas de sus dedos toquen la palma de él/ella. Así usted tocará su corazón. Ahora, ya tiene el contacto deseado y puede empezar la sesión con el péndulo.

Usted puede sentarse o ponerse de pie enfrente de la otra persona o a su lado.

La cosa cambia cuando la persona que deseamos someter a la sesión de radiestesia no se halla presente o no sabe nada del tema. Si esto debe o no debe hacerse, lo dejo a su elección. Tal vez usted se interese por el estado de salud de un pariente. Si no desea establecer un contacto directo con él/ella, es mejor que busque alguien que lo ayude, al que se suele denominar *puente*, pero que en este caso, denominaremos *testigo*. Además, no sólo las personas se pueden someter a la radiestesia, sino también los animales.

El testigo

Un testigo puede ser cualquier cosa: una foto, una carta o un objeto personal. En realidad, un testigo no es más que un medio para contactar tal y como se describe en el apartado anterior. Sea lo que sea, el testigo debe pertenecer a la persona o mostrar a la persona sobre la que queremos saber alguna cosa. Cuanto más íntimo sea el objeto, mejor. Por ejemplo, una firma o un cabello es algo muy personal y por tanto muy adecuado para este propósito.

Sostenga el testigo con la mano izquierda o tóquelo con dicha mano, o con un dedo de la misma. Sea como sea, debe existir un contacto físico. Después, sosteniendo el péndulo en la mano derecha, comience a hacerle preguntas cuya respuesta sea del tipo *Sí/No,* o bien use las tablas para péndulo. Puede hacer cualquier pregunta que considere razonable, pero concédale al otro un poco de intimidad.

Las fotografías son ideales como testigos. Lo mejor, naturalmente, es que sólo muestren a la persona en cuestión, pero también funciona si hay otras personas o animales presentes en la misma. Simplemente coloque un dedo de su mano izquierda sobre la persona a la que va a aplicar la sesión.

Dado que acto seguido usted debe dirigir la mirada al péndulo para observar cómo oscila, es perfectamente posible que se le deslice un poco el dedo y en lugar de señalar a la persona en cuestión, señale a un perro en la fotografía.

En tal caso, ya no estará sometiendo a radiestesia a la persona, sino al perro, y naturalmente los resultados no serán los esperados. Imagínese que catástrofe si usted ha preguntado, por ejemplo, cuál es el plato favorito de su pareja o por sus gustos personales… Por supuesto, este ejemplo es un poco exagerado, pero debe servir para mostrar que trabajar atentamente es de suma importancia.

La radiestesia enfocada a otras personas

Utilizar el péndulo enfocándolo a otras personas es mucho más sencillo que hacer lo propio para uno mismo. El motivo es que, generalmente, somos más neutrales respecto a los demás y esta actitud es, como usted ya sabrá, un punto de partida esencial para utilizar el péndulo correctamente. Por consiguiente, usted obtendrá los mejores resultados cuando practique la radiestesia con respecto a personas completamente desconocidas. Así pues, usted podrá informar a una buena amiga sobre sus propias virtudes o defectos o sobre los de su familia. El requisito previo será, pues, disponer de un testigo.

Cuando practique la radiestesia para otras personas deberá proceder con extrema precaución y tacto si no quiere que quien está frente a usted se ofenda nada más empezar. Nunca utilice el péndulo con alguien sin que esa persona se lo pida. Desde luego la radiestesia puede resultar muy atractiva y dejar impresionada a la gente, ¡pero le aconsejo que no lo convierta en una actividad efectista o excesivamente teatral!

La búsqueda de objetos o de personas

También podemos usar el péndulo para buscar objetos o personas. Por ejemplo, si hemos perdido una llave, encontrarla es un ejercicio muy sencillo de realizar. Para ello, es importante que busquemos un marco temporal y espacial. Por lo tanto, debemos saber aproximadamente cuándo y dónde hemos perdido o dejado olvidada la llave.

Hace algunos años yo mismo tuve una drástica experiencia con la pérdida de unas llaves. En aquella época, vivía en Fráncfort y una tarde de sábado tenía una cita a unos 150 km de la ciudad. Como aquella cita era de gran importancia para mí y la puntualidad es una virtud, quería partir hacia mi destino con tiempo suficiente.

Cogí mi llavero, salí de mi piso de la segunda planta, pasé por delante de mi casa, recorrí la distancia hasta mi coche y… han acertado, ¡había perdido mis llaves! Tras emprender una búsqueda infructuosa, fui a buscar una llave de recambio a mi apartamento con toda celeridad. Pero tampoco allí encontré nada. Tras barajar frenéticamente varias posibilidades, resolví mi problema usando un destornillador para forzar la puerta del coche. Quizá no fuera una solución digna de encomio ni que hiciera honor a mi, de costumbre, tranquilo y recto proceder, pero en mi descargo debo decir que aquella cita era de suma importancia para mí.

Seguramente usted se preguntará: ¿qué tiene que ver todo esto con el péndulo? Pues bien, días después –en el ínterin había cambiado la cerradura de mi coche y de mi piso– me seguía preocupando la desaparición de mis llaves, así que decidí intentar encontrarlas con el péndulo. Sabía más o menos cuándo las había perdido y también con bastante exactitud en qué marco espacial se podían hallar. Por tanto, cogí mi péndulo y deje que oscilara en círculo. Mientras tanto, volví a recorrer mentalmente el trayecto de mi piso a mi automóvil. Cuando ya me hallaba recorriendo mentalmente el camino de mi casa, el péndulo empezó a oscilar algo más intensamente; es decir, el círculo que describía era mucho más grande. Pero, dado que yo ya había escudriñado el trayecto, la llave no podía estar allí, así que mi pensamiento se trasladó al parterre de flores adyacente, y allí observé cómo la oscilación aumentaba aún más su intensidad. Aunque ya había rebuscado en el parterre, volví a hacerlo, pero no encontré más que mis pisadas de la búsqueda anterior. Comoquiera que unas llaves no tienen la capacidad de enterrarse por sí mismas, sólo quedaba una posibilidad: debido a mi frenética búsqueda, había pisado las llaves y sin querer las había hundido en la tierra del parterre. Eso es lo que, en efecto, había sucedido. Si hubiera mantenido la calma desde el principio y hubiera usado el péndulo, me habría ahorrado dinero y un buen disgusto.

Cuando se le extravíe o deje olvidado algún objeto, intente acordarse del máximo de detalles posible, y a continuación use su péndulo y deje que éste oscile uniforme y armónicamente para usted. Repase mentalmente todas las circunstancias geográficas y espaciales. Cuando se acerque al objeto perdido, comprobará que su péndulo intensifica ostensiblemente su oscilación. No obstante, procure formular las preguntas adecuadas, lo que excluye, por tanto, preguntar dónde ha perdido usted el objeto, puesto que desconoce su paradero actual.

Además, también es posible encontrar personas. Para ello, necesitará un objeto personal o una fotografía como testigo. A continuación, coja un mapa de la zona donde supone que se encuentra la persona en cuestión. Si no tiene ninguna idea al respecto, deberá empezar allí donde usted sepa con absoluta certeza que reside la persona que busca. En caso de duda, use un globo terráqueo. Vaya delimitando a continuación la zona mediante las pertinentes preguntas. Por ejemplo: ¿Se encuentra en este continente, en este país, en esta ciudad, en esta casa, en este piso? Por supuesto, he simplificado mucho el proceso, pero en lo básico funciona tal como acabo de explicar.

Aplicar el péndulo a los alimentos

(Este apartado es también aplicable a otros productos, como medicamentos y complementos nutricionales, es decir, a cualquier sustancia que consumamos.)

El péndulo nos ofrece la fantástica posibilidad de radiografiar cada alimento. usted puede, por ejemplo, preguntarle: ¿Es esta fruta buena para mí? O bien: ¿Es aún comestible este yogur? Obviamente, la pregunta debe tener algún sentido (está de más preguntar si un queso añejo, cuya apariencia habla por si sola, es comestible o no). Las preguntas más interesantes son aquellas que nos aportan información adicional y que, por tanto, tienen una cierta utilidad. A menudo aconsejo a mis clientes que utilicen el péndulo para saber qué alimentos les pueden provocar alergias. Cualquiera que haya padecido o padezca una alergia sabrá lo tedioso y complicado que son las pruebas de este tipo. En estos casos el péndulo nos brinda la posibilidad de obtener información de forma rápida y precisa.

Respecto a los alimentos, las posibilidades de realizar preguntas son virtualmente ilimitadas. He aquí algunos ejemplos:

«¿Están frescos los huevos?»
«¿Cuánto tiempo tiene el alimento?»
«¿Es correcta la fecha de caducidad impresa?»
«¿Esta fruta ha sido rociada con productos químicos?»

«¿Procede la fruta verdaderamente de cultivos biológicamente controlados?»
«¿Este alimento ha sido manipulado genéticamente?»
«¿Contiene esta fruta sustancias a las que soy alérgico?»

Estas preguntas se pueden responder con *Sí* o un *No*, pero utilizar el péndulo para alimentos con la ayuda de una tabla para péndulo resulta especialmente atractivo. Procure mantener el péndulo sobre el alimento cuando realice alguna pregunta sobre el mismo, pero sin tocarlo (por ejemplo, la pregunta, «¿Esta pera es comestible?», interroga sobre un estado general válido para la mayoría de personas).

En cambio, cuando preguntamos algo que está relacionado con nosotros, debemos establecer un contacto. En este caso, sí debemos tocar la fruta con una mano (por ejemplo, la pregunta: «¿Es esta fruta buena para mí?», se refiere concretamente a nosotros).

Le ruego considere que en teoría los resultados obtenidos en un mismo día pueden diferir. Es perfectamente posible que a la pregunta: «¿Me sentará bien comerme este huevo?», obtenga un *Sí*, pero si, después de comerse diez huevos, vuelve a preguntar si otro huevo le sentará bien, puede imaginarse fácilmente que la respuesta esta vez será un rotundo *No*.

Las tablas para el péndulo

Radiestesia con tablas

Utilizar tablas facilita enormemente la práctica de la radiestesia. La ventaja fundamental radica en que no obtenemos un simple *Sí* o *No* como respuesta, sino que, con un único sistema de radiestesia, podemos disponer de muchas posibilidades de elección. Existen muchos tipos de tablas para péndulo, aunque, en el fondo, pueden distribuirse en dos variantes fundamentales: las circulares y las semicirculares.

Tabla para péndulo circular.

Tabla para péndulo semicircular.

Yo prefiero las tablas de tipo semicircular, ya que son más prácticas y más sencillas de manejo. Es cierto que en las de tipo circular se pueden incluir más conceptos, pero también se corre el riesgo de tapar algunos con la mano. Además, éstas requieren imprimirle al péndulo una oscilación hacia delante y hacia atrás por separado (el péndulo oscila también en el campo opuesto).

Si tomamos una tabla semicircular, veremos que ésta se divide en varios sectores marcados con símbolos o colores.

Ahora, queremos, por ejemplo, utilizar el péndulo para saber qué piedra preciosa o sanadora nos va mejor. La pregunta puede ser: «¿Qué piedra es mejor para mí en estos momentos?».

Tomamos, por ejemplo, la tabla de elección de piedras sanadoras (página 63) y allí nos encontramos una división en ocho sectores, los cuales poseen el rótulo «Tabla de piedras 1-8». Gracias a esta tabla sabremos en cuál de ellas encontraremos nuestra piedra, con sólo sostener nuestro péndulo sobre la cruz situada en el borde inferior de la tabla. Nos concentraremos en la pregunta y dejaremos que nuestro péndulo oscile en el sector correspondiente. Y lo mismo con los demás sectores. Usted comprobará que hay sectores en los que el péndulo oscila más intensamente que en otros. Para confirmarlo, repetiremos el procedimiento. Ahora ya sabemos en qué tabla encontraremos nuestra piedra.

Una vez localizada la tabla, el juego empieza de nuevo. De esta manera habremos encontrado nuestra tabla en cuestión de minutos, y ahora podremos utilizar el péndulo para saber en qué forma cumple la piedra su función óptima.

Tablas para péndulo

Tabla de elección (Tabla 1/tabla 2)	→ Página 58
Tabla de elección (Sí/No/Quizá)	→ Página 59
Tablas de porcentajes	→ Página 59
Tablas para péndulo: religión, fe, filosofía	→ Página 60
actividad esotérica	→ Página 60
terapias y métodos curativos esotéricos	→ Página 61
flores de Bach	→ Página 61
esencias de maestros y de seres de luz	→ Página 62
ángeles	→ Página 62
formas de las piedras	→ Página 62
piedras sanadoras	→ Página 63
signos del Zodíaco	→ Página 66
planetas	→ Página 66
piso/casa (locales)	→ Página 67
Feng shui pa-kua del espacio vital	→ Página 67
artículos y amuletos feng shui	→ Página 68
tendencias musicales	→ Página 68
órganos y zonas del cuerpo	→ Página 69
chakras (principales y secundarios)	→ Página 70
problemas de peso	→ Página 71
organización de las vacaciones	→ Página 71
complementos nutricionales	→ Página 72
posibilidades de organizar el tiempo libre	→ Página 73
colores	→ Página 74
runas	→ Página 75
tarot	→ Página 76
tablas de péndulo para rellenar	→ Página 77

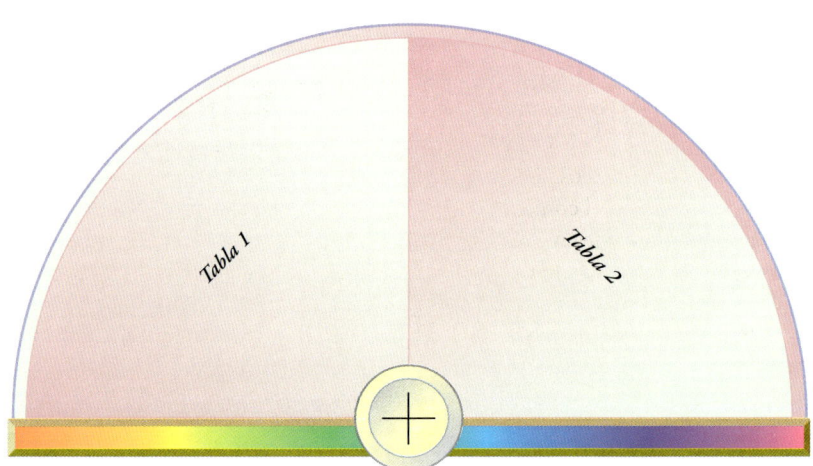

Tabla de elección.

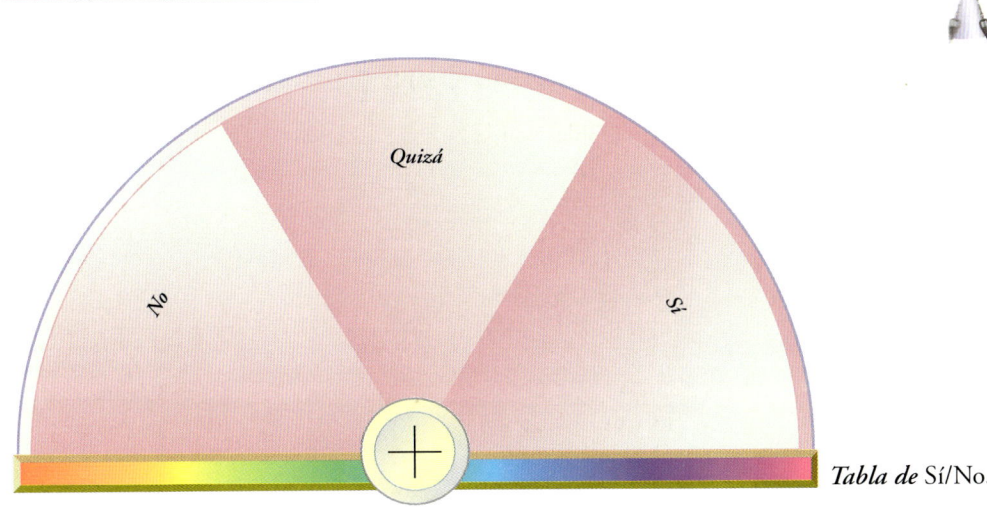

Tabla de Sí/No.

Tabla de porcentajes 1.

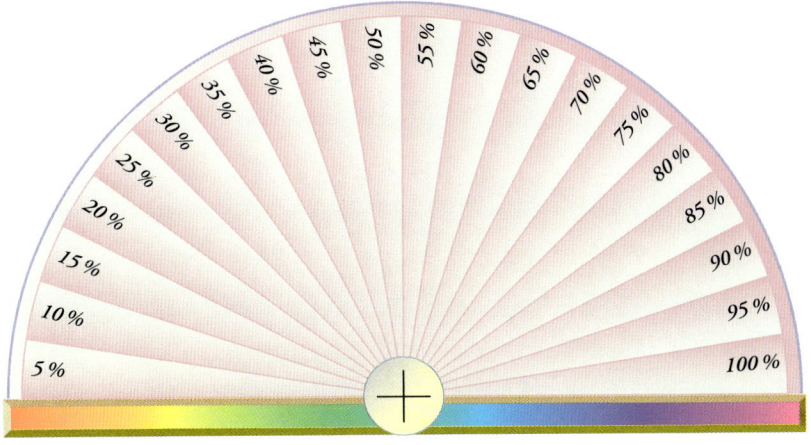

Tabla de porcentajes 2.

Religión, fe, filosofía.
¿Qué religión, fe o filosofía se corresponde mejor con mi naturaleza?

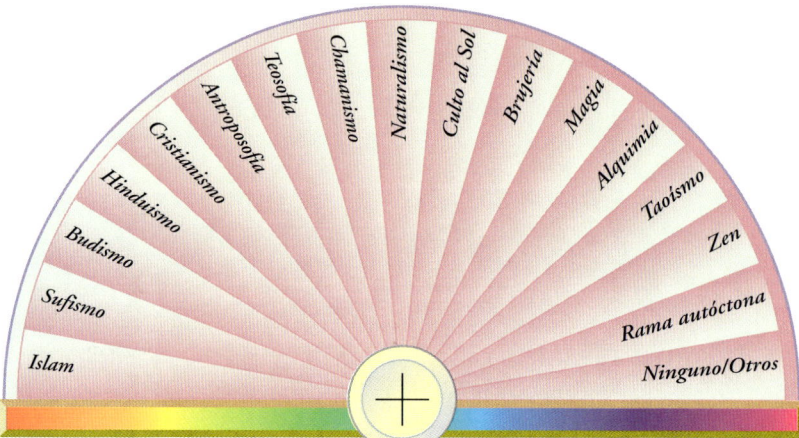

Cristianismo · Antroposofía · Teosofía · Chamanismo · Naturalismo · Culto al Sol · Brujería · Magia · Alquimia · Taoísmo · Zen · Rama autóctona · Ninguno/Otros · Islam · Sufismo · Budismo · Hinduismo

Actividad esotérica.
¿Qué actividad esotérica se adaptaría mejor a mí y a mis necesidades?

Tabla 1.

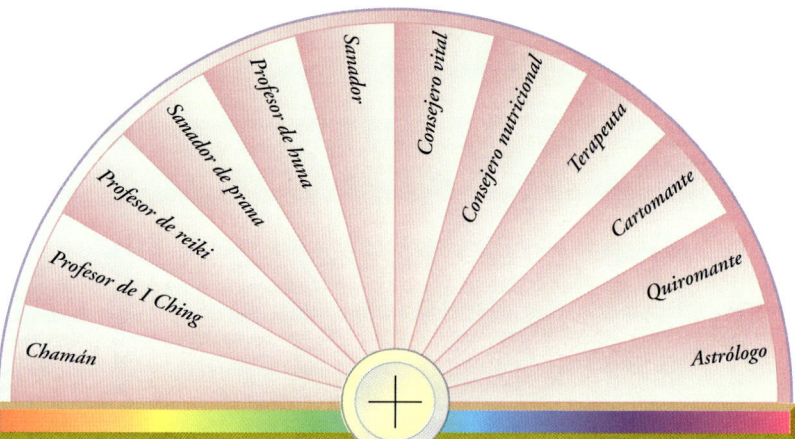

Chamán · Profesor de I Ching · Profesor de reiki · Sanador de prana · Profesor de huna · Sanador · Consejero vital · Consejero nutricional · Terapeuta · Cartomante · Quiromante · Astrólogo

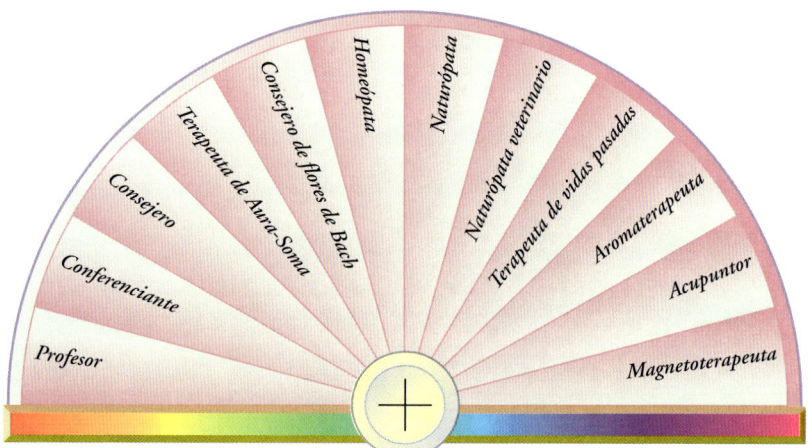

Profesor · Conferenciante · Consejero · Terapeuta de Aura-Soma · Consejero de flores de Bach · Homeópata · Naturópata · Naturópata veterinario · Terapeuta de vidas pasadas · Aromaterapeuta · Acupuntor · Magnetoterapeuta

Tabla 2.

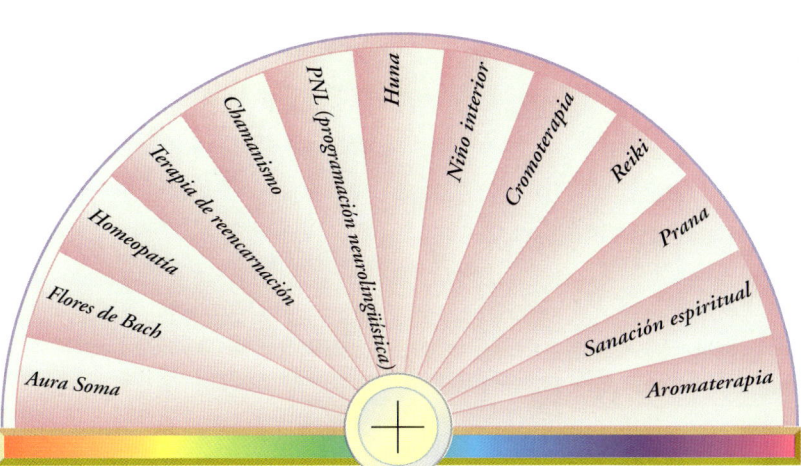

Terapias y métodos curativos esotéricos para el desarrollo personal.

«¿Qué orientación terapéutica o método curativo esotérico sería más saludable para mi desarrollo?»

Tabla de flores de Bach.

En este caso deberá comprobar primero si necesita flores de Bach usando la tabla de *Sí/No* (página 59) y formulando la pregunta: «¿Me pueden ayudar las flores de Bach?». Si ha obtenido un *Sí* a ambas preguntas, deberá preguntar si necesita una sola esencia o varias combinadas. A continuación, use la tabla de elección (página 58) y pregunte: «¿Dónde puedo encontrar la flor o flores que necesito?» Ahora podremos encontrar la esencia o esencias necesarias en la tabla correspondiente.

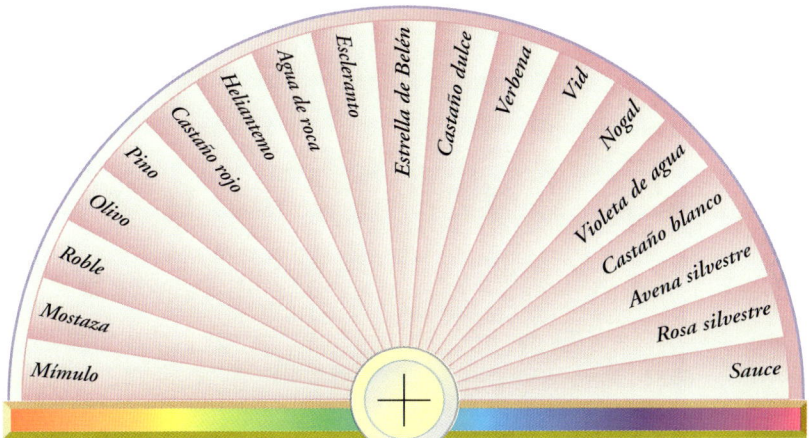

Tabla 1.

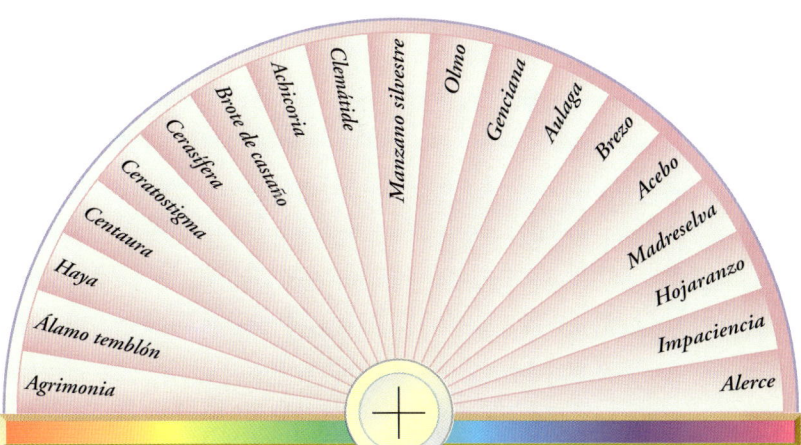

Tabla 2.

Esencias de maestros y de seres de luz (Aura-Soma y otros).
El procedimiento es exactamente igual que para las flores de Bach.

Angeles.
Posibles preguntas: «¿Qué ángel puede ayudarme mejor a solucionar mis problemas actuales?», «¿Cuál de ellos puede brindarme más apoyo en mi situación actual?», «¿Qué ángel es más adecuado para mi desarrollo espiritual?», «¿Qué ángel debería evitar hoy por hoy?».

Formas de las piedras.
Le ruego tenga en cuenta que no se puede adquirir cualquier piedra con cualquier forma y que las piedras que tienen la forma deseada ¡son muy caras! Es, pues, perfectamente plausible que usted se gaste mucho dinero en un diamante Herkimer con forma de rosquilla, así que uno debe estar dispuesto a comprometerse por entero en la labor.

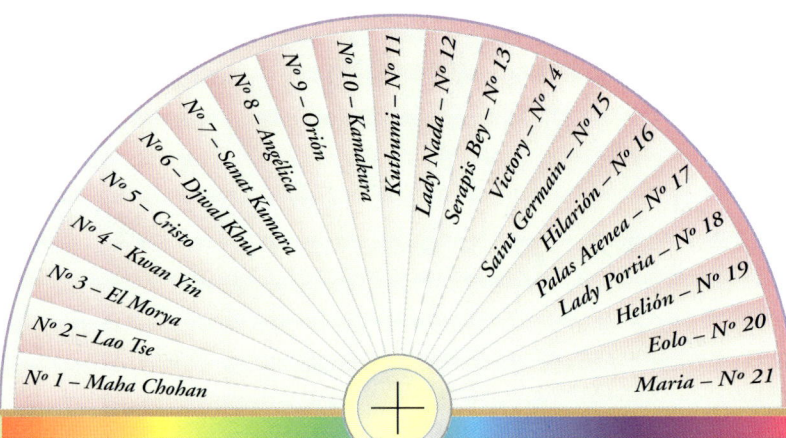

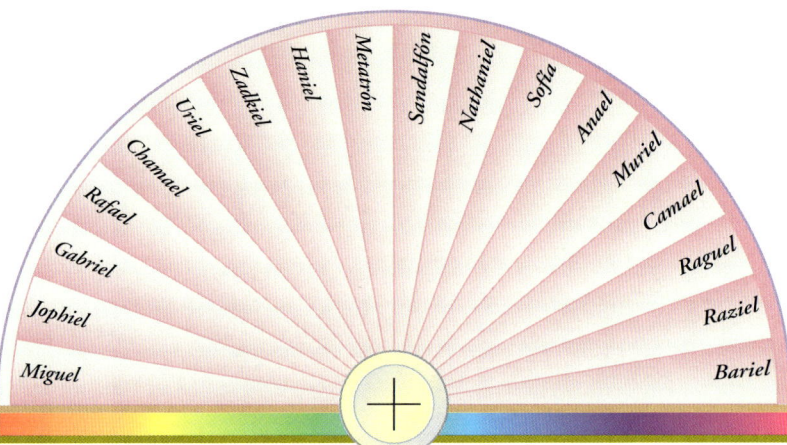

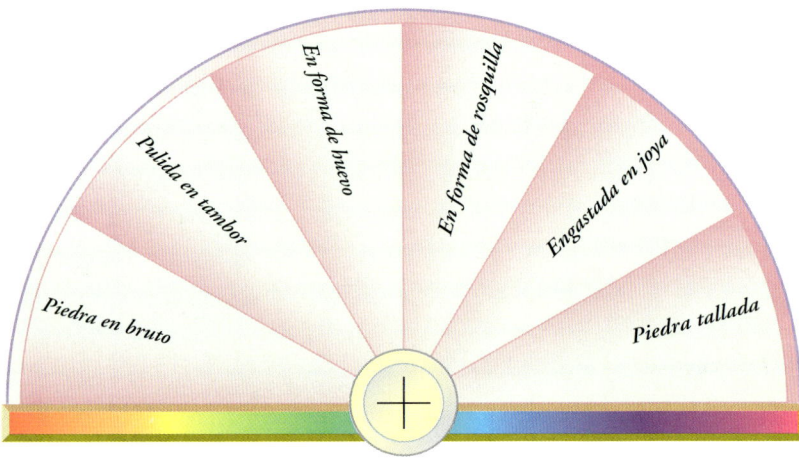

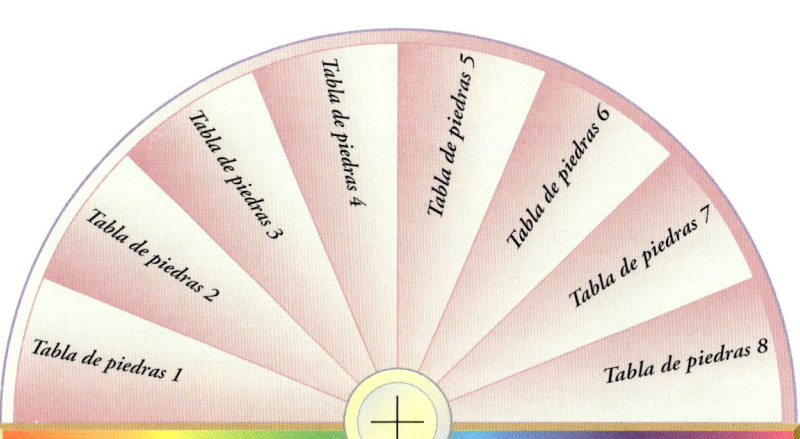

Piedras sanadoras.
Preguntas: «¿Qué piedra es buena para mí en estos momentos?», «¿Qué piedra ayudará a que recupere mi salud?», «¿Qué piedra me dará fuerza?». Procedimiento: Compruebe primero en qué tabla se encuentra su piedra usando el péndulo; después, úsela y utilice el péndulo sobre su piedra.

Tabla de elección.

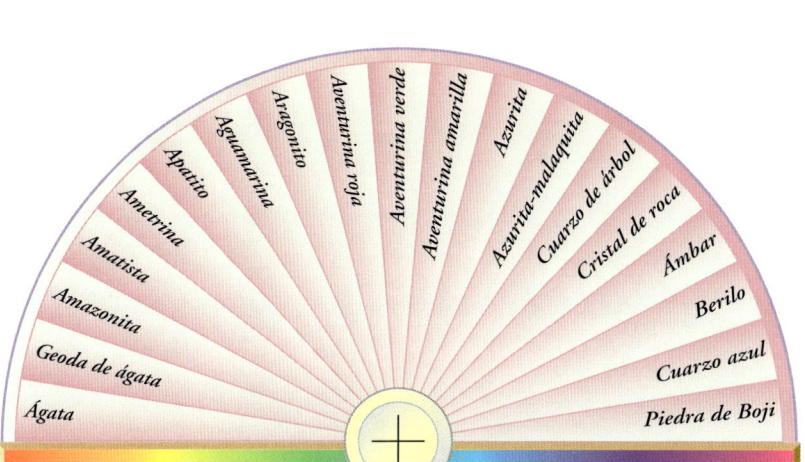

Tabla de piedras 1.

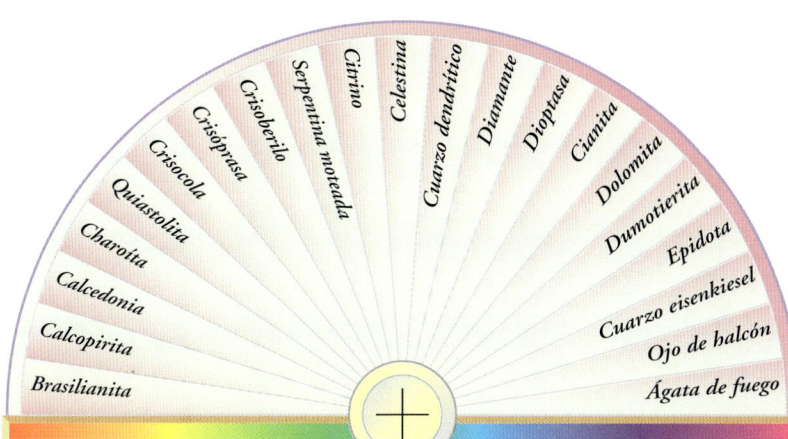

Tabla de piedras 2.

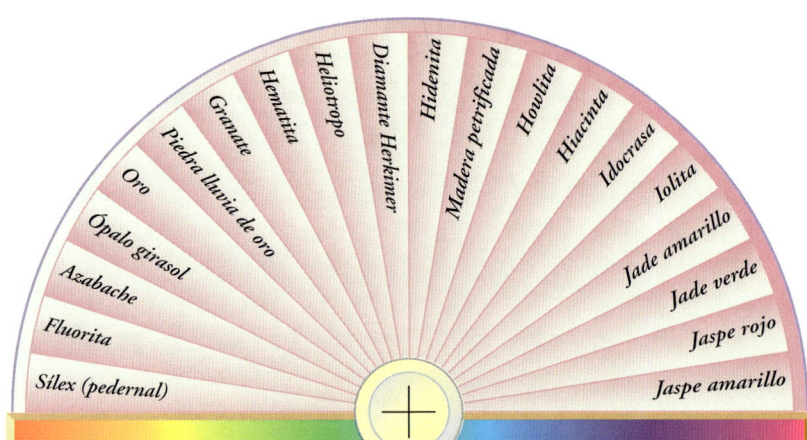

Tabla de piedras 3.

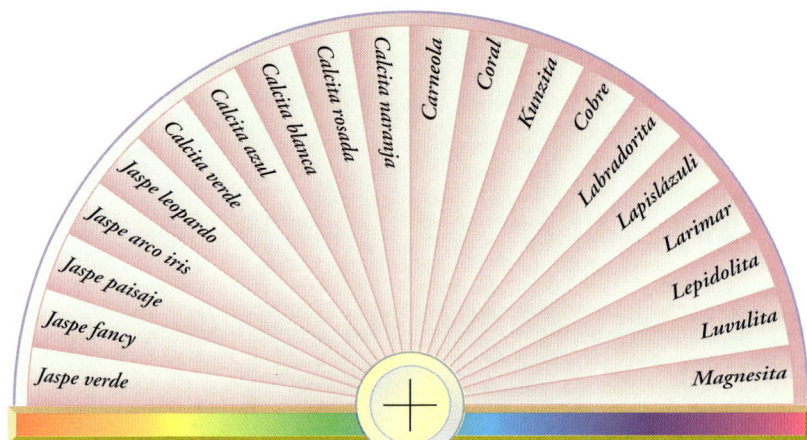

Tabla de piedras 4.

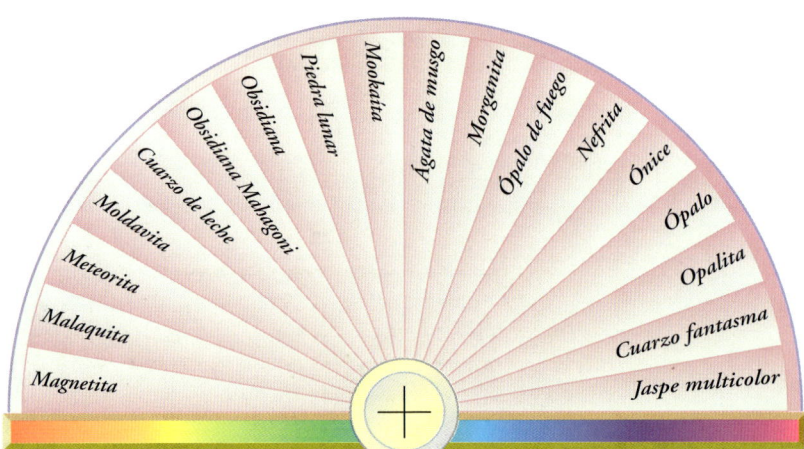

Tabla de piedras 5.

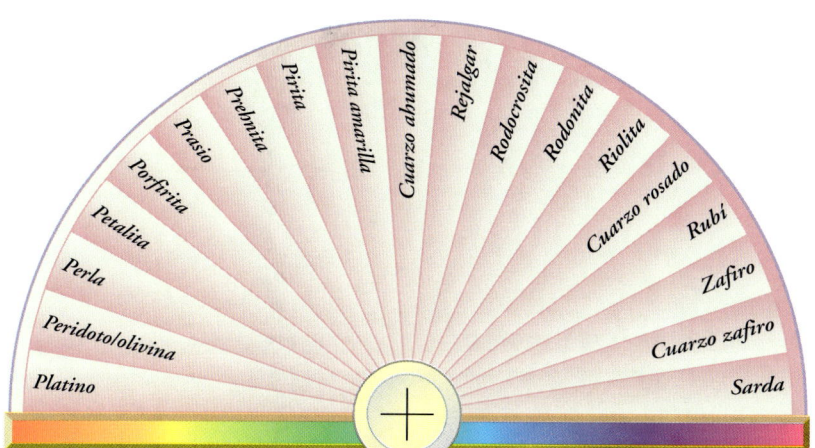

Tabla de piedras 6.

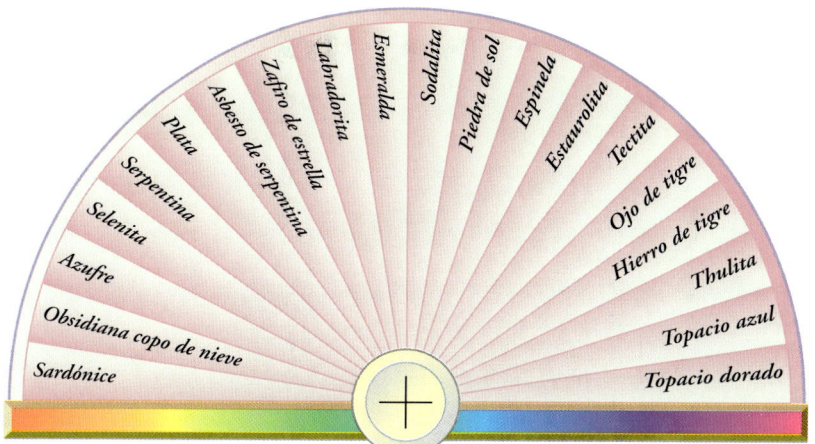

Tabla de piedras 7.

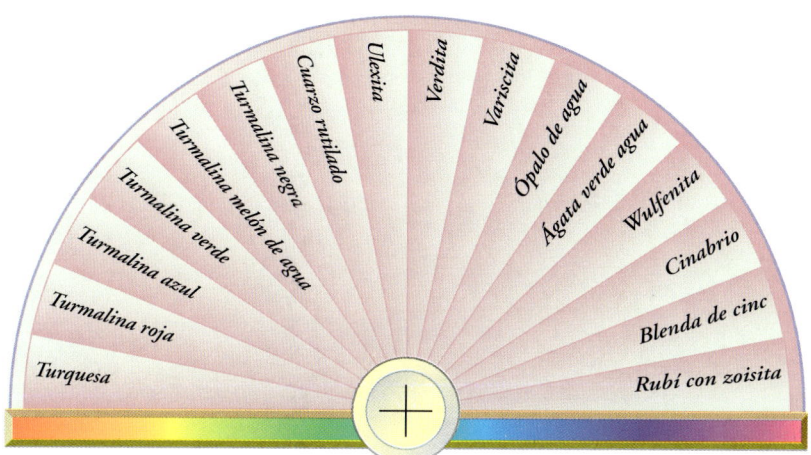

Tabla de piedras 8.

Signos del Zodíaco.

Cuando queramos saber de qué signo zodiacal es una persona, dicha persona deberá estar presente; en caso contrario necesitaremos un testigo (una fotografía o un objeto personal). Posibles preguntas:

«¿De qué signo zodiacal es esa persona?»

«¿Qué energía zodiacal me impulsa actualmente?»

«¿Qué signo zodiacal me conviene más como asociado/a, compañero/a sentimental, amigo/a, colega…?»

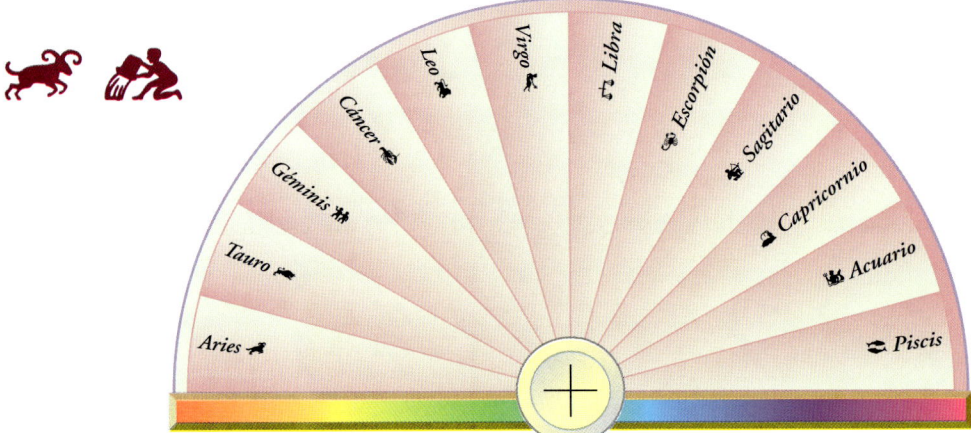

Energías de los planetas.

«¿Qué energía planetaria puedo usar para mis propósitos?»

«¿Qué energía planetaria respalda mis propósitos?»

«¿Qué energía planetaria me impide llevar a cabo mis propósitos?»

«¿Qué energía planetaria influye en mi relación?»

Como es bien sabido en el campo de la astrología, «los planetas influyen en nuestro destino». Con la siguiente tabla para péndulo podemos saber qué energía planetaria favorece o perjudica más nuestros propósitos. Si desea saber más sobre el significado de cada planeta, le ruego consulte la literatura existente al respecto. Procure que en esta tabla también estén contenidos (y ya previstos), la Tierra, el Sol y la Luna.

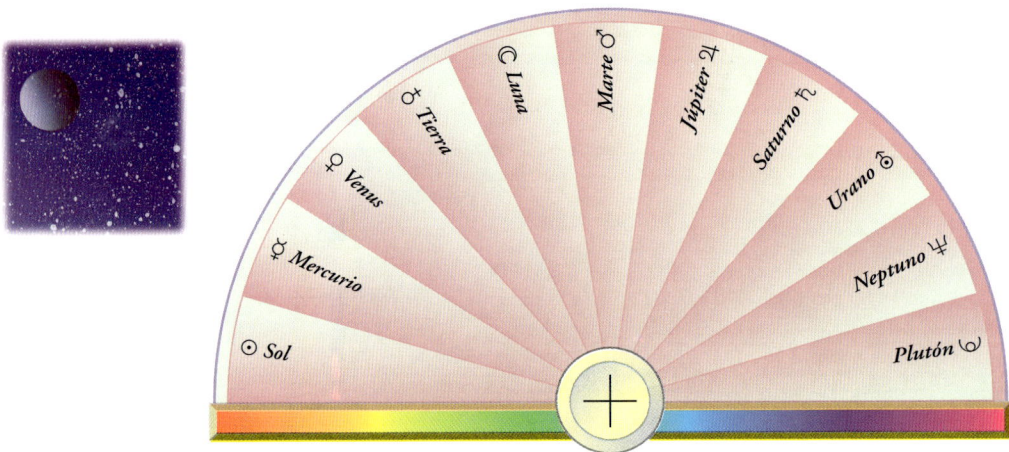

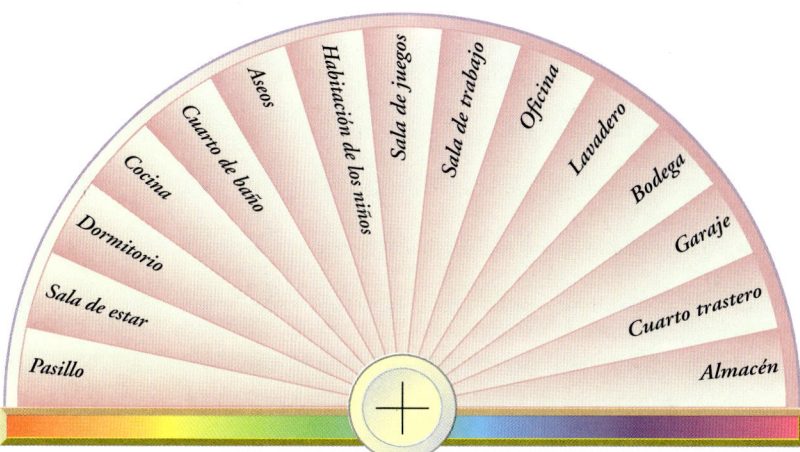

Piso/casa.
«¿Qué habitación posee las mejores energías?», «¿En qué habitación se encuentran las peores energías?», «¿Qué habitación debería cambiar lo antes posible?», «¿En qué habitación debería instalarme lo antes posible?» «¿Qué habitación debería evitar en lo posible?», «¿En qué habitación podré dormir mejor?», «¿En qué habitación hay zonas de interferencias (como, por ejemplo, venas de agua)?».

Feng shui pa-kua del espacio vital

«¿Qué zona de mi casa/piso/habitación está demasiado cargada?»
«¿Qué zona de mi casa/piso/habitación está muy poco cargada?»
«¿Qué zona debe modificarse?»
«¿Qué zona es perfecta?»
«¿Qué zona debo modificar para mejorar mi situación vital?»
«¿Qué zona debo modificar para solucionar mi problema?»
«¿Existe alguna zona que deba evitar a toda costa?»

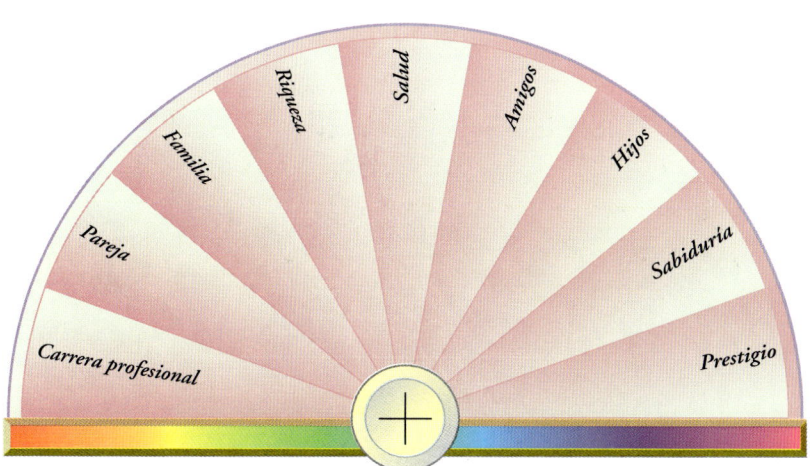

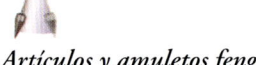

Artículos y amuletos feng shui

Los amuletos de feng shui y sus accesorios se pueden comprar en comercios especializados en esoterismo bien equipados. Únicamente hay que tener en cuenta lo que necesitamos y lo que no necesitamos. Las siguientes tablas para péndulo le proporcionan una ayuda complementaria. Si desea saber más sobre este tema, le recomiendo que consulte los libros *El gran libro del péndulo* y *Manual del péndulo*, ambos publicados por Ediciones Obelisco.

Procure formular preguntas lo más precisas posible para evitar malentendidos; para ello, dirija siempre sus preguntas hacia un espacio o una zona pa-kua.

«¿Qué amuleto feng shui es más adecuado para mi piso/habitación?»
«¿Qué amuleto feng shui debería usar por encima de todo?»
«¿Qué amuleto feng shui no necesito en absoluto?»

Cuando utilice el péndulo sobre los campos «Eliminar» o «Modificar», a continuación es recomendable que utilice una tabla confeccionada por usted mismo para averiguar qué debe eliminar o modificar.

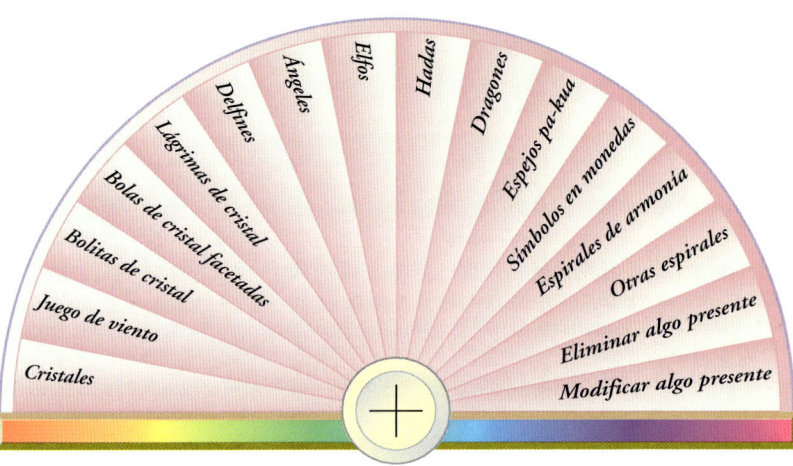

Tendencias musicales.

«¿Qué tipo de música se corresponde mejor con mi naturaleza?»,
«¿Qué tipo de música me va a perjudicar en lugar de favorecerme?»,
«¿Qué tipo de música sería más beneficiosa para mi desarrollo?»,
«¿Qué tipo de música me relaja más?».

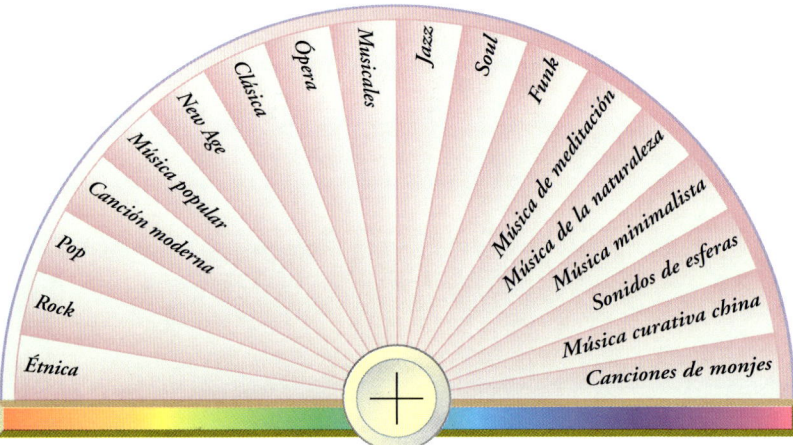

Órganos y zonas del cuerpo.

Huelga decir que las siguientes tablas no están completas y por ello sirven para ahorrar un poco de espacio. Si se hubieran incluido todas las posibles regiones del cuerpo, las tablas correspondientes llenarían un libro entero. Si usted está interesado en profundizar en este tema, deberá tomarse la molestia de rellenar las tablas correspondientes por sí mismo.

Posibles preguntas:

«¿Qué zona de mi cuerpo es la más fuerte?»
«¿Qué zona de mi cuerpo es la más débil?»
«¿Qué zona de mi cuerpo es más utilizada?»
«¿Qué zona de mi cuerpo está dañada?»
«¿Qué zona de mi cuerpo requiere más atención?»
«¿Qué zona de mi cuerpo debería ser examinada por un médico, o qué zona precisa ayuda médica?»

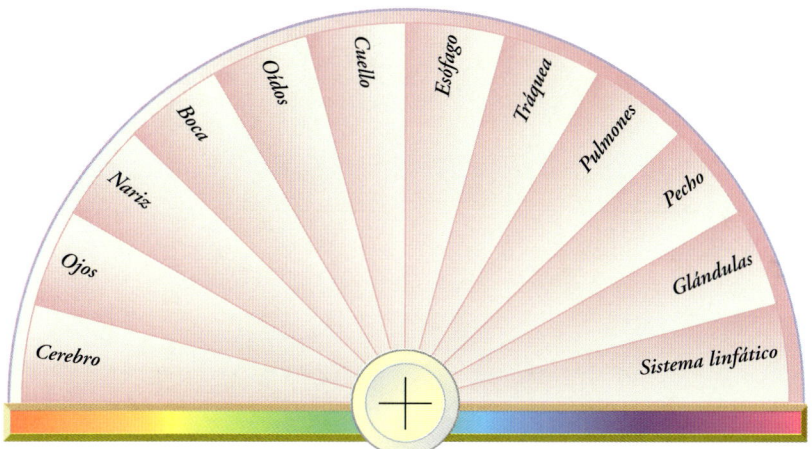

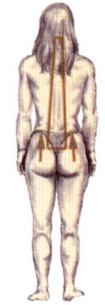

Tabla 1.

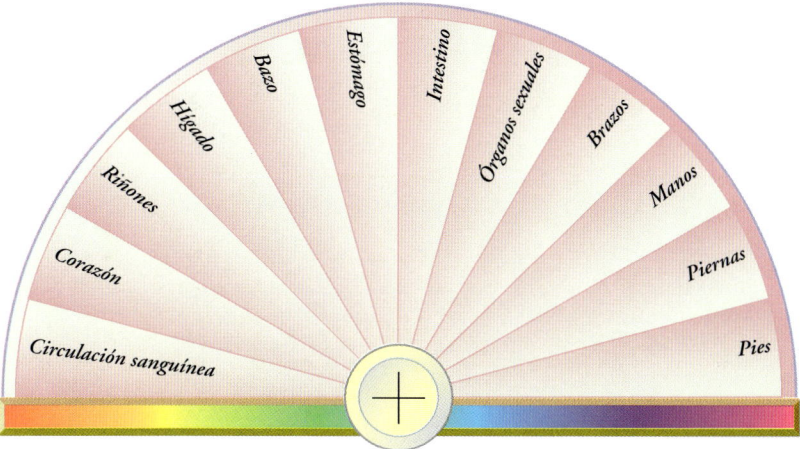

Tabla 2.

Chakras.

Los chakras forman parte de una disciplina ancestral que instruye sobre los centros energéticos de nuestro organismo. Los chakras, el cuerpo biológico y el alma de las personas están siempre unidos en cualquier situación causal. Los chakras son una herramienta perfecta para localizar las causas de los problemas e incluso solucionarlos si se influye sobre ellos debidamente. Encontrará más información al respecto en los libros *La terapia de los chakras* y *Trabajar con los chakras,* ambos publicados por Ediciones Obelisco.

Posibles preguntas:

«¿Qué chakra está más abierto?»
«¿Qué chakra está más cerrado?»
«¿Qué chakra necesita más atención?»
«¿Qué chakra se desarrollará a continuación?»
«¿Qué chakra me ocasiona un problema?»

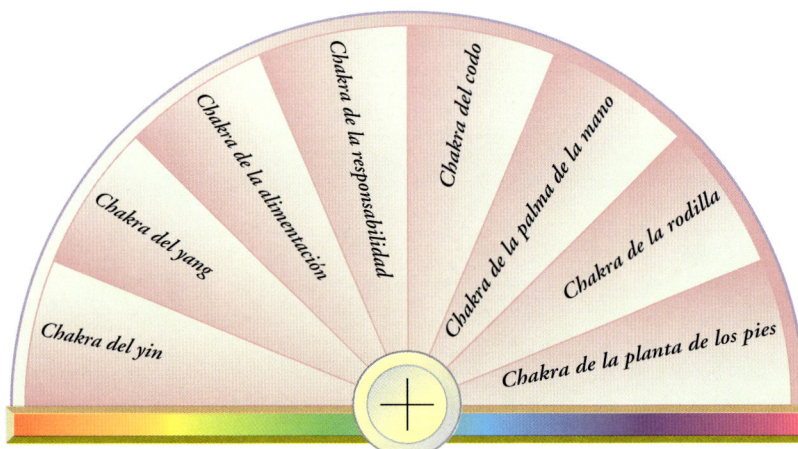

Tabla 1. Chakras principales.

Chakra coccígeo o base (Muladhara)
Chakra sacro (Svadhistana)
Chakra del plexo solar (Manipura)
Chakra del corazón (Anahata)
Chakra del cuello o garganta (Vishudda)
Chakra frontal (Ajna)
Chakra coronal (Sahasrara)

Tabla 2. Chakras secundarios.

Chakra del yin
Chakra del yang
Chakra de la alimentación
Chakra de la responsabilidad
Chakra del codo
Chakra de la palma de la mano
Chakra de la rodilla
Chakra de la planta de los pies

Problema de peso.

«¿Cómo puedo llegar a controlar de manera continua mis problemas de alimentación y de peso?»

Dado que los problemas de peso suelen deberse, por lo general, a desarreglos alimenticios, el principal escollo radica en hacer algo de manera continua con su peso. Naturalmente, lo más sencillo es recurrir a procedimientos que se hallan en nosotros y en nuestro subconsciente. En este caso, se vuelve a poner de manifiesto el poder del péndulo.

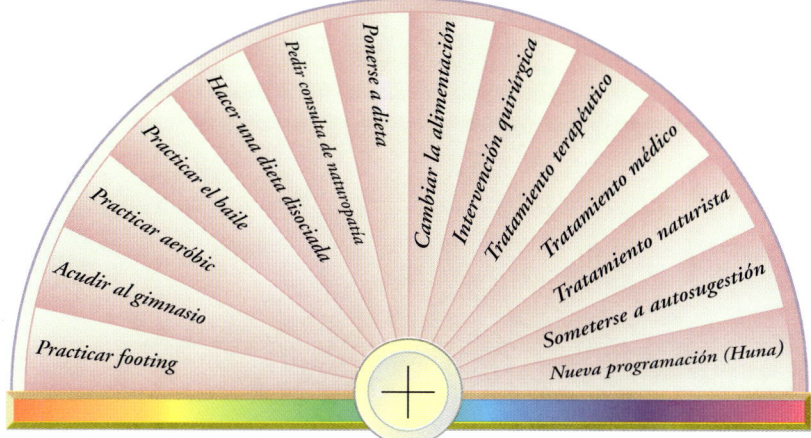

Organización de las vacaciones.

«¿Cuál de las numerosas opciones para organizar mis vacaciones es la más adecuada para mí en estos momentos?»

«¿Cuál de ellas le conviene más a mi estado de salud/físico actual?»

«¿Qué forma de organizar las vacaciones le aporta más a mi desarrollo personal?»

«¿Dónde o de qué forma puedo conocer a personas interesantes?»

La siguiente tabla puede ser un buen instrumento para ayudarlo a decidir:

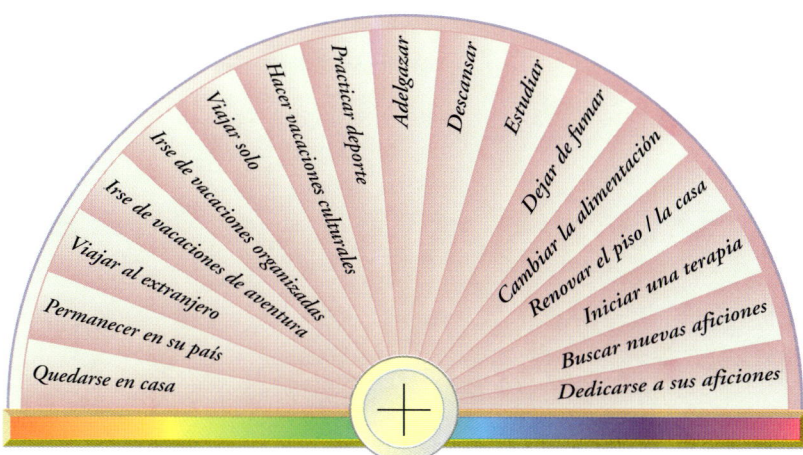

Tabla 1. Organización de las vacaciones.

Complementos nutricionales.

Los complementos nutricionales son cada vez más populares y se han establecido en muchos ámbitos. En el sector del deporte profesional su presencia pasa por ser habitual desde hace ya algunos años. Estos productos pueden adquirirse tanto en comercios especializados como mediante venta por correo.

«¿Qué producto necesita más mi organismo en estos momentos?»
«¿Qué producto me beneficiará más en principio?»
«¿Qué producto sería adecuado para mis hijos/esposa/esposo/familia?»
«¿Qué producto debería evitar consumir?»

Si desea utilizar el péndulo con un producto antes de decidirse, le recomiendo que no tema hacer uso del mismo para comprobar si el producto en cuestión se corresponde verdaderamente con la calidad indicada.

Lista extraída del libro *Nahrungsmittelergänzungen im Trend,* de Hendrik Hannes.

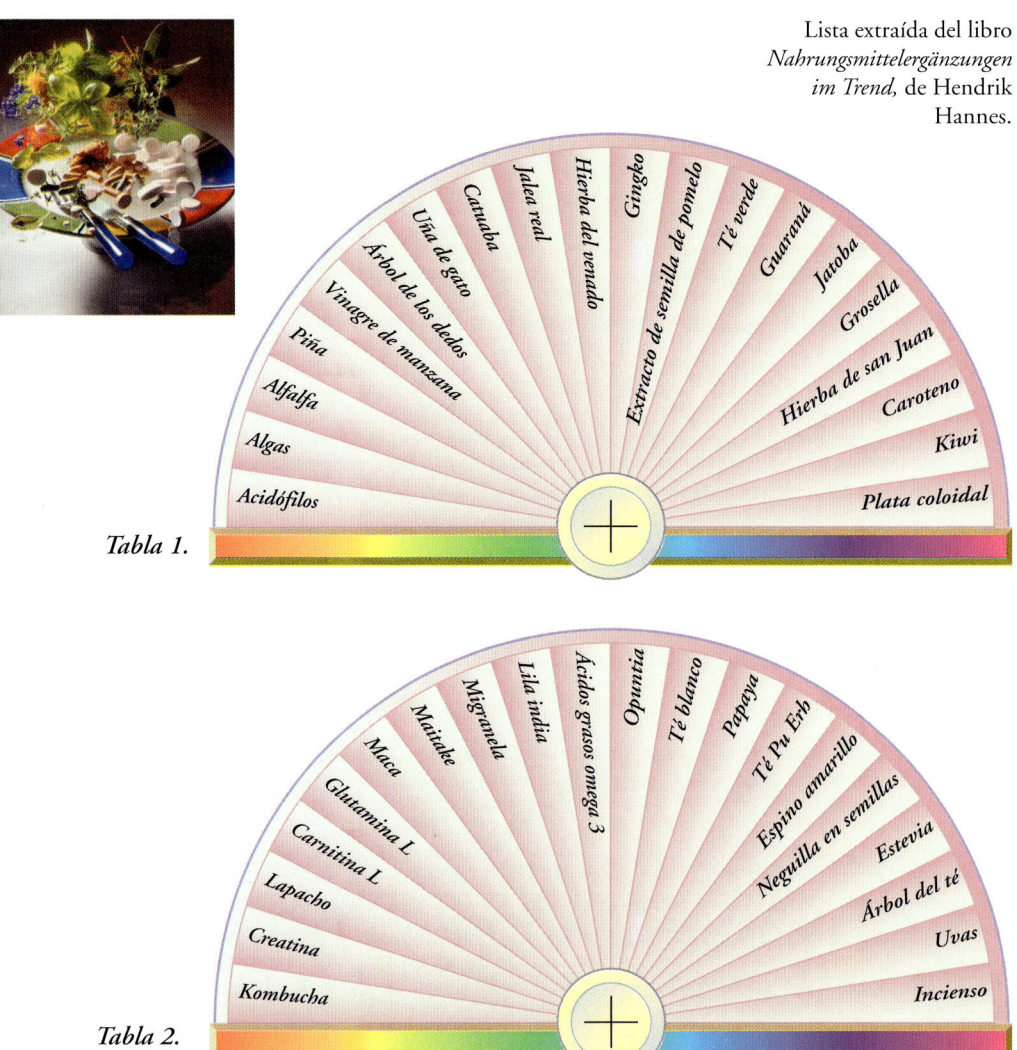

Tabla 1.

Tabla 2.

Organización del tiempo libre y del fin de semana.

Seguramente, usted se preguntará de qué nos va a servir a estas alturas pedirle consejo al péndulo sobre qué debemos hacer esta noche. Y en cierta manera tiene razón. Hay cosas que deberíamos decidir de manera espontánea y sin tanta teatralidad. Pero a menudo sucede que tenemos tantas opciones entre las que elegir que no podemos decidir cuál es la mejor. En tales casos, podemos recurrir al péndulo y que éste simplemente nos aconseje, formulándole preguntas del tipo *Sí/No*. Junto a épocas en que no tenemos apenas energías y en que necesitamos a alguien que nos dé realmente ese impulso, conviven otras en que se nos agolpan las ideas y no vemos con tanta claridad cuál es el camino correcto que debemos tomar o cuáles son nuestras prioridades. Comoquiera que en ciertos momentos de nuestra vida ni el mundo material normal ni el espiritual tienen prioridad, he confeccionado dos tablas para péndulo personalizadas. Obviamente, es posible combinar ambas tablas.

Para empezar, le recomiendo que utilice el péndulo a fin de comprobar cuál de las dos tablas satisface mejor sus necesidades de cada momento. Después, simplemente utilice el péndulo con dicha tabla para hallar su propia actividad.

Posibles preguntas:

«¿Qué hago esta noche?»

«¿Qué hago este fin de semana?»

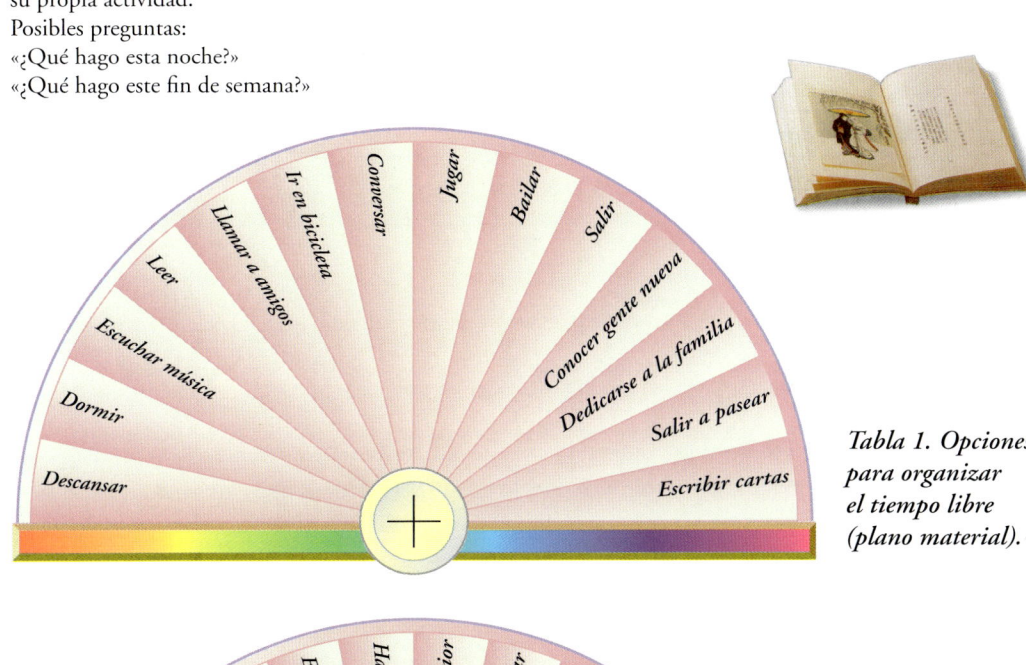

Tabla 1. Opciones para organizar el tiempo libre (plano material).

Tabla 2. Opciones para organizar el tiempo libre (plano espiritual).

Colores.

Los colores son una definición de aquellas ondas de luz que pueden ser percibidas por la vista humana. En función de la frecuencia, o incluso de la oscilación de las ondas lumínicas, el ser humano capta un color u otro. Cuando no hay ninguna onda de luz visible, vemos el color negro y, por el contrario, cuando concurren todas las ondas de luz en un mismo punto o área, vemos el color blanco.

Posibles preguntas:

«¿Qué color me favorece más (en la ropa)?»
«¿Qué colores deberían tener las habitaciones de mi piso?»
«¿Qué color me beneficia más (cromoterapia)?»
«¿Qué luz cromática le conviene más a esta planta?»
«¿Qué color es más adecuado para la nueva cubierta de mi libro?»
«¿Qué color es más adecuado para la guía publicitaria de mi clínica?»
«¿Qué color es más adecuado para mi nuevo coche)?»

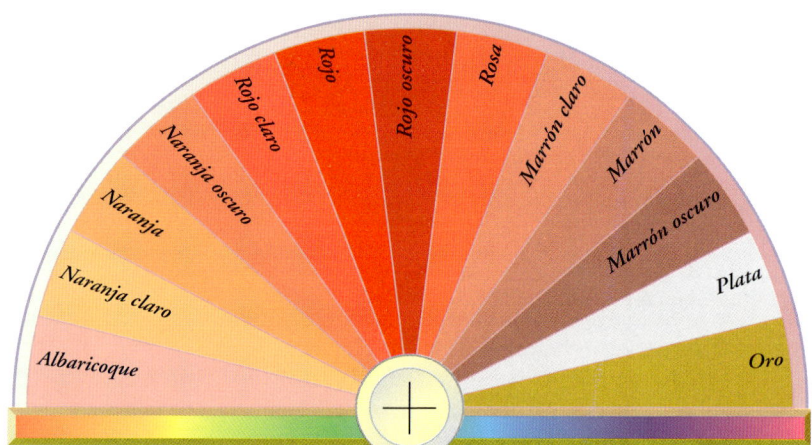

Tabla de colores 1.

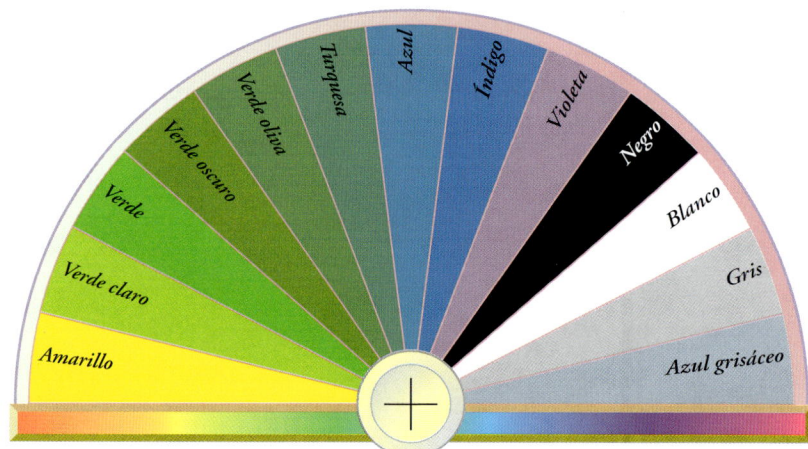

Tabla de colores 2.

Runas

La utilización de piedras runas remite a una serie de sistemas ancestrales que intentaban denodadamente comprender la totalidad del universo, así como el micro y el macrocosmos, y representarlos simbólicamente. Además, las runas también permiten ponerse en contacto con estructuras cósmicas. En cualquier caso, las piedras runas son pura y simplemente símbolos de fuerza.

Posibles preguntas:

«¿Qué piedra runa me dará fuerza para los retos que se me presentarán en el día de hoy?»
«¿Qué símbolo rúnico me debe acompañar hoy como talismán?»
«¿Qué piedra runa activa mis capacidades de autocuración?»
«Me gustaría conocer mejor las energías de las runas, ¿en qué piedra runa me debería centrar para empezar?»

(Literatura práctica sobre el tema: *Futhark, la magia de las runas,* publicado por Ediciones Obelisco.)

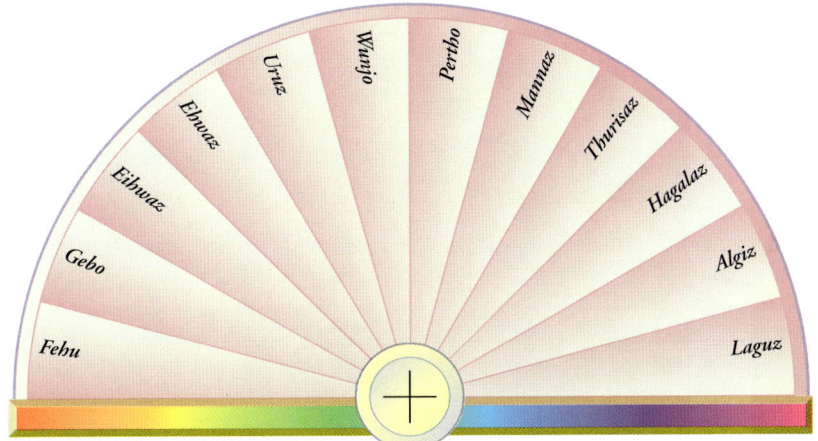

Tabla de runas 1.

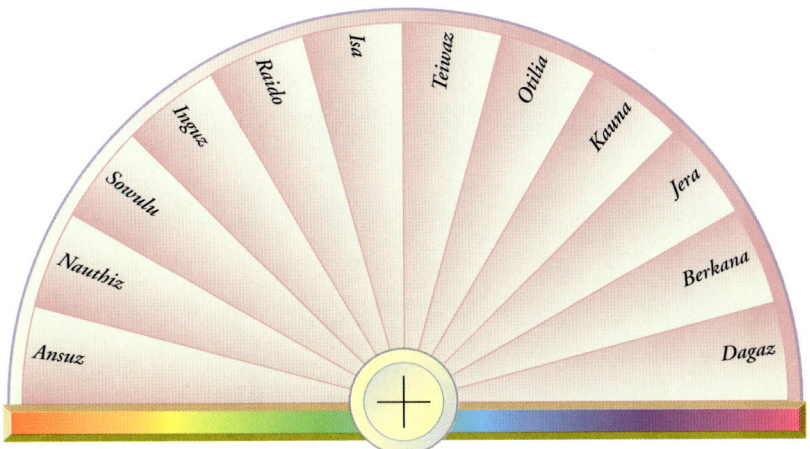

Tabla de runas 2.

Tarot.

Cuando mezcle y extienda la baraja, y extraiga de ella la correspondiente carta del tarot, procure que las preguntas tengan mucho más sentido. Sería interesante además utilizar la tabla del péndulo sobre una carta complementaria.

Preguntas:

«¿Cuál es mi carta del día?»

«¿Qué carta me acompañará durante el día?»

«¿Qué carta simboliza mi problema?»

«¿Qué carta es la solución a mi problema?»

Procedimiento:

Coja la tabla para péndulo, piense en su pregunta y compruebe qué carta escoge el péndulo. En caso de que no conozca el significado de la carta, puede consultarlo en la correspondiente literatura. Le recomiendo que consulte *El gran libro del Tarot*, publicado por Ediciones Obelisco.

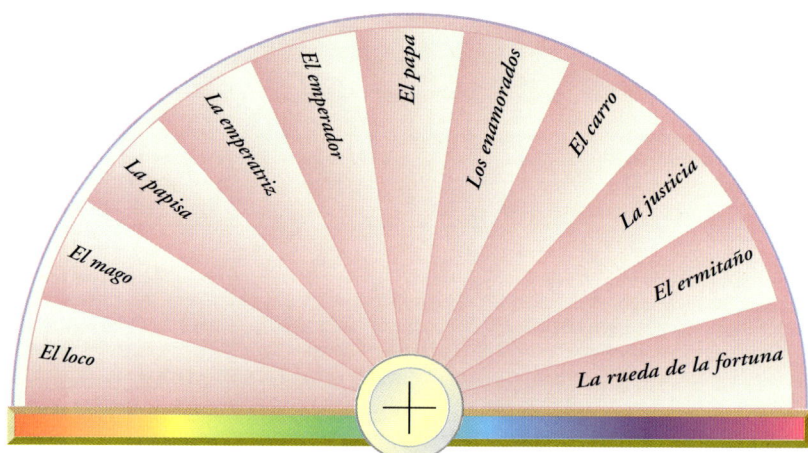

Tabla del tarot 1.

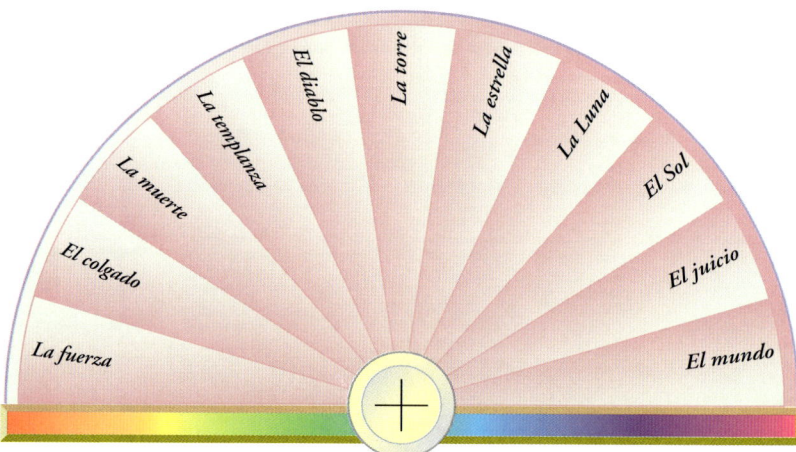

Tabla del tarot 2.

Tablas de péndulo para rellenar:
Obviamente, en este caso no hay muchas preguntas entre las que elegir. Las tres tablas siguientes pueden usarse para formular otras preguntas. En ellas usted puede dibujar rápida y fácilmente sus propios símbolos, por lo que cada sección de la tabla queda abierta a todas las preguntas posibles que quiera realizar. ¡Le deseo que se divierta!

Direcciones y fuentes de consulta:
El servicio de lectura de la editorial Windpferd contiene una lista de fabricantes de péndulos a su disposición. Dicha lista se actualiza continuamente. Puede consultarla en la siguiente dirección de Internet: **www.windpferd.de.** Simplemente introduzca el título del libro en cuestión y búsquelo en «lista de servicio».

Índice

Prólogo 3
Introducción 5
Promesa 5
¿Quién puede usar el péndulo? 6
La composición del péndulo 6
¿Qué péndulo debo elegir para empezar? ... 7
El peso de un péndulo para principiantes ... 7
El material del péndulo 8
   Los diferentes materiales y sus equivalencias .. 8
      Metales 8
         Péndulo de latón 8
         Péndulo de cobre 9
         Péndulo de plata 9
         Péndulo de oro 9
         Péndulo de oro rojo 10
         Péndulo de cromo mate 10
         Péndulo de cromo brillante 11
         Péndulo de Optalloy 11
         Péndulo de rodio (oro blanco) 11
      Péndulos con minerales 12
         Péndulo de cristal de roca 12
         Péndulo de ámbar 12
         Péndulo de citrina 13
         Péndulo de diamante Herkimer ... 13
         Péndulo de cuarzo rosado 13
         Péndulo de sugilita 13
         Péndulo de amatista 14
         Péndulo de lapislázuli 14
         Péndulo de hematita 14
         Péndulo de jade 14
         Péndulo de ojo de tigre 15
         Péndulo de aventurina 15
         Péndulo de azurita-malaquita 15
         Péndulo de mercurio (pieza exótica) ... 15
         Péndulo de pirita 16
         Péndulo de madera 16
         Péndulo de madera/cobre
         (con espirales de cobre) 16
         Péndulo de cristal tallado 16
         Péndulo de plástico/material sintético ... 17
         Péndulo hueco 17
         Péndulo de Isis 17
Forma y composición del péndulo 18
¿Dónde puedo adquirir un péndulo? 19
Regalar un péndulo 19
Cuidado y conservación 19
¿Cómo funciona el péndulo? 21
   Los tres planos del Yo 24
      El Yo Superior 25
      El yo consciente 25
      El subconsciente o el yo inferior 25

Le ponemos nombre al niño 27
Una conversación con mi buen amigo 28
Predicciones del futuro con el péndulo ... 31
   Cada ser humano es una isla 32
Posibilidades y ámbitos de aplicación del
péndulo 33
   Salud/Cuerpo 34
   Psicología 35
   Trabajo 35
   Alimentación 35
   Piedras sanadoras 36
   Relaciones de pareja 36
   Medicina astral, aceites, flores de Bach,
   homeopatía y esencias de maestros 36
   Rasgos de carácter 36
   Radiaciones terrestres, contaminación
   electromagnética 37
   Feng shui 37
   Búsqueda de tesoros 37
   Comprobación del material 37
   Comprobación de autenticidad 38
   Libros 38
   Chakras y energías internas 38
   Los peligros que conlleva el péndulo 39
Requisitos básicos para trabajar
   con el péndulo 40
   La posición del cuerpo 41
   La posición de la mano 42
Cómo generar las primeras oscilaciones
   del péndulo (conscientemente) 43
   Su *Sí* y su *No* personalizado 44
      El método neutral 44
      El método intuitivo 44
      El método Huna 44
   Sí, *No* o *Quizá*, ésa es la cuestión 47
Preguntas que debemos evitar 48
Hacer la pregunta correcta he aquí
   la cuestión 48
El contacto 49
El testigo 50
La radiestesia enfocada a otras personas ... 51
La búsqueda de objetos o de personas 51
Aplicar el péndulo a los alimentos 53
Las tablas para el péndulo 55
Radiestesia con tablas 56
   Tablas para péndulo 58